生活コミュニケーション学
とは何か　　川又俊則 久保さつき 編

岩田昌子

永石喜代子

寺田喜朗

川又俊則

中川サワリー

櫻井秀樹

久保さつき

福永峰子

アーナンダ・クマーラ

梅原頼子

前澤いすず

三浦 彩

あるむ

目 次

はじめに ………………………………………… 川又俊則　1

第Ⅰ部　生活コミュニケーション学とは何か

第1章　大学生のコミュニケーションを心理臨床から考える
　　　　──由子さんとのやり取りから── ……………… 岩田昌子　5

第2章　コミュニケーション・スキルの習得
　　　　──模擬カウンセリングとプロセスレコードの活用──
　　　　………………………………………… 永石喜代子　25

第3章　ライフヒストリー研究と他者理解
　　　　──信仰者とのコミュニケーション── ………… 寺田喜朗　47

第4章　世代間コミュニケーションとしての「祈る場所」
　　　　──婦人献身者ホーム「にじのいえ」の軌跡── … 川又俊則　67

第Ⅱ部　生活コミュニケーション学の応用

第5章　条件表現と条件文──日本語教育学の観点から──
　　　　………………………………………… 中川サワリー　89

第6章　毒蛇・蛇毒と免疫
　　　　　………………………………………………………… 櫻井秀樹　111

第7章　ヘビウリ——食材としての可能性について——
　　　　　………… 久保さつき　福永峰子　アーナンダ・クマーラ　133

第8章　栄養教育とコミュニケーション
　　　　　——中国人留学生における日本での食状況と栄養教育——
　　　　　………………………… 梅原頼子　前澤いすず　三浦　彩　143

第9章　中国人留学生のための栄養教育教材の作成
　　　　　………………………………………………… 前澤いすず　161

おわりに　………………………………………………… 久保さつき　173

著者紹介　………………………………………………………………　175

はじめに

　「コミュニケーション」は，日常暮らしていて非常に多く耳にする言葉の一つだろう。たとえば，ケータイ電話は，「親指コミュニケーション」とも表現されるが，現代社会は，コミュニケーションという言葉なしで生活できないのではないかと思うほどである。コミュニケーションを情報・意思等の伝達という意味で考えるならば，インターネットの普及で情報の双方向化を認識した私たちは，平成23年7月に全面的に切り替わる地上デジタル放送により，テレビ等でも双方向化を実感する社会に生きている。

　現代日本の高等教育では，学士力や社会人基礎力が問われている。なかでも，コミュニケーション・スキルは，その後，社会に出る学生たちにとって重視されているが，すでに，小中学校の段階，いやそれ以前の場面でも，コミュニケーションの重要性は語られている。

　そもそも，コミュニケーションは，人間社会でもっとも基本的な社会過程であり，それがないところで集団・社会・文化は存在しえないのは周知の事実だろう。

　さて，第二次世界大戦後，コミュニケーション論は，社会学・政治学等の行動科学で研究が進展した。心理学や教育学では，L. S. ヴィゴツキーやM. トマセロらが，発達とコミュニケーションの関係を明らかにし，マス・コミ研究のなかで，メッセージ構造やプロセス，発信・受信のモデル等も議論された。E. T. ホールの「プロクセミックス」(近接学) 等，言語以外のコミュニケーション論の研究も積み重ねられ，さらには，文化人類学・社会言語学等の異文化コミュニケーション，インターネット等を論ずる電子コミュニケーション等も広く知られている。このように，いわゆるコミュニケーション学は，数多くの分野の研究者が追究してきたのである。

　本書は，平成23年度から学科名称が「生活コミュニケーション学科」と

なる鈴鹿短期大学に勤務する教員，とくに平成22年度に開設された「生活コミュニケーション学研究所」の研究員を兼任している者が中心となって執筆した論文集である。

同研究所は，自然科学と人文・社会科学を横断した議論を進め，「生活コミュニケーション学」という新たな概念を開拓しようとしている。この概念は，本書の各論文で議論されるが，私たちは，上記のような，多様なコミュニケーション学の現代的様相を捉えるためには，コミュニケーション概念に新たな議論が必要だと考えているのである。

第Ⅰ部は「生活コミュニケーション学とは何か」というテーマを扱った4本の論文を収録している。最初の2本は，高等教育現場におけるコミュニケーションのあり方，スキルの習得等に着目した論文である。続く2本は，調査研究を通じて考察されたコミュニケーションを議論している。いずれも，従来の「コミュニケーション」関連の議論をもとに，自らの事例を通じた考察がなされている。

第Ⅱ部は「生活コミュニケーション学の応用」として5本の論文を収録している。専門分野としては言語学，免疫学および栄養学である。各タイトルだけを見ると，コミュニケーションとは関係がないように見えるかもしれないが，内容で判断するならば，このような視点からコミュニケーションを問うことができるのかと納得していただけるのではないかと編者たちは思っている。これらは，従来の個別分野での論文ともなり得たが，「生活コミュニケーション学」構築を視座に入れて，執筆者各人がまとめ直したものであり，「応用」編と考えている。

本論文集の取り組みが成功したか否かは，第1章以降の各論文をご覧いただき，読者の方々の判断を仰ぎたい。

編者を代表して

川又俊則

[第Ⅰ部]

生活コミュニケーション学とは何か

第1章

大学生のコミュニケーションを心理臨床から考える
――由子さんとのやり取りから――

岩田昌子

　大学で学生たちと毎日を過ごしていると，ふとコミュニケーションについて考えさせられることがある。それは筆者自身が学生と話している時，授業をしている時，学生同士のやり取りや他の教職員とのやり取りを見ている時である。それらを通して学生の物事の受けとめ方に違和感を持つのだ。なぜ，目の前の学生はこのやり取りの中で，その言葉をそのように受けとめるのだろうか，と。

1．大学生のコミュニケーションに感じる「しんどさ」

　学生とのやり取りの中で最初に違和感を持つのは，物事の受けとめ方というより，その行動である。たとえば，授業の欠席回数が多くなり，このままでは単位の修得が難しくなるということを教員が学生に伝える場合である。「○○さん，欠席が○回あるから，これから休まないように気を付けてね」と優しいトーンで教員が伝えたとする。学生Aは恐縮した様子で「先生，わざわざ教えて下さって，ありがとうございます」と答えたが，学生Bは「はー。そんなこと知ってるわ。休まなきゃいいんでしょ」と鋭い目つきでにらみ，きつい口調で投げ捨てるように答えた。
　筆者はBのような学生に出会うと，なぜこのような態度をとらなければならないのだろうかと考えてしまう。Bの反抗的な態度の陰に見える傷つきや

すさはいったいなんであろうか。Bの否定的な物事の受けとめ（たぶん教師の忠告は叱責と映ったのであろう），が，反抗的な態度を生み，それが他者を不快にさせる。不快な思いをさせられた他者はそれ以降Bに対して，厳しい眼差しを向けることが多くなるだろう。温かい目で周囲の者から受け入れられている者は，困ったときにも，自然と周囲からの援助を得られることが多い。しかし，厳しい目で見られている者は，援助を得にくい面がある。そうなるとBはますます被害的になり，態度を硬化させる。それによって，他者の目がより厳しくなる。このような悪循環に陥り，しんどい人生を歩まざるを得なくなってしまうのではないかと（Bにしてみれば大きなお世話であろうが）心配になる。

　そのようなわけで，筆者はBのような学生に出会った時に「しんどさ」を感じる。被害的に物事を受けとめてしまうこと自体の「しんどさ」と，自らの人生を自らの行動で苦しいものにしてしまっている「しんどさ」である。

　そこで，本論では事例を通して，学生がコミュニケーションの中で何をどのようにやり取りしているのか，そしてこの「しんどさ」がなんであるのか，心理臨床の観点から検討していく。

　さて，ここで言葉の意味を簡単に整理しておく。ポイントとなる言葉はコミュニケーションと心理臨床の二つである。

　本論ではコミュニケーションを「言葉のやり取りに加え，身振りや表情などノンバーバルなものを含めた情報のやり取り」とし，そこには感情なども入っているものとする。

　また，心理臨床とは「心理学の理論を用いて，人が少しでも生きやすくなるように心理的に援助する営み」とする。臨床とは本来はベッドサイド，病者の傍らにあるという意味であるが，ここでは人の生きる現場でという意味で扱いたい。

2．心理臨床とコミュニケーション

（1）異なる複数の情報のやり取り

　事例について考えていく前に，心理臨床とコミュニケーションについて考えてみる。このふたつを考えたときに，筆者の頭に最初に浮かんでくるのはダブルバインド（二重拘束）理論である。心理臨床大辞典によれば「ベイトソン Bateson, G., ジャクソン Jackson, D. D. らが精神分裂病（現：統合失調症）家族の研究過程で発見したもので，同時に肯定と否定という二つのメッセージを出し，相手が当惑して動けなくなった状態に非難を加えるというもの」である。

　たとえば，食事中にジュースを飲んではいけないと日ごろから厳しく言っている母親とその子どもがいるとしよう。その子どもが，ある時，親戚の集まりで外食をした際にテーブルの上にはオレンジジュースとお茶が置いてあった。親戚のおじさんに「ジュースにするか？　お茶にするか？」と聞かれ，その子どもはジュースを飲みたいと思ったが，いつもお母さんに「食事中にジュースを飲んではだめ」と言われているため，その時もお母さんに尋ねた。「お母さん，ジュース飲んでもよい？」すると母親は，目元を引きつらせながら，「あなたの好きにしてよいのよ」と冷ややかに答えた。子どもはお母さんの引きつった目と冷ややかな声が「だめに決まっているでしょう」というメッセージであると受け取り，お茶を選ぼうとする。すると，さらなる険しい目つきで母親が「あなたの好きにしてよいと言っているでしょう，わからないの？」と言った。

　こう言われてしまうと，この子どもは身動きが取れない。自分の好きにするならば，オレンジジュースを飲むことになる。しかし，明らかに母親は言葉とは裏腹の暗黙のメッセージ「食事中にはジュースを飲んではいけない」を引きつった目と冷ややかな口調から発しているため，ジュースを選ぶわけにもいかない。結果，ジュースもお茶も選べないという二重に拘束された状態に陥るのだ。そこでどうしようかとまごまごしていると，「好きにしてよいというのに，ジュースを選ばないから，お母さんがまるで怖い母親のよう

に見られてしまうじゃないの」などと母親から責められ，母親と子どもとの関係の中で，子どもが悪者に仕立て上げられてしまうのだ。

　この種のコミュニケーションを続けることで，子どもが混乱をきたした結果，統合失調症を発症してしまうという考え方がダブルバインド理論である。ここでダブルバインド理論を出したのは，統合失調症の発生機序について説明したいためではなく，コミュニケーションを取る際に，質の異なる複数の情報をやり取りしているということに注目したいためである。

　我々はコミュニケーションをとる際に少なくとも二つの違う種類の情報をやり取りしている。一つは言葉を使用した「内容」の情報で，「砂糖が10gある」「私は20歳だ」などである。もう一つが身振りや口調などを通して伝えられる相手に対する「気持ち」の情報である。たとえば，目を輝かして話を聞く姿勢から伝えられる「あなたのことを尊敬している」であったり，薄ら笑いを浮かべた話し方が伝える「馬鹿にしている」などであり，これがコミュニケーションをとる者同士の関係性を示している。先の親子の例の中から母親の最初の言動をもとに説明すると，内容の情報は「あなたの好きにしてよい」という言葉が伝えるものであり，気持ちの情報は「引きつった目」「冷ややかな声」が伝えるものであり，そこに両者の関係性が見える。

(2) 気持ちの情報

　さて，ここで気持ちの情報についてより詳細に考えてみる。「引きつった目」「冷ややかな声」は何を伝えているのか。本来気持ちの情報は言語化できない情報を伝えるためのものであり，これを言語化する時点で本来の意味を失うが，便宜的にここでは言語化してみる。「引きつった目」や「冷ややかな声」は，この母子においては「お母さんが日ごろから食事中にジュースを飲んではいけないと言っているの，わかっているわよね？」であったり，「お母さんの言うことを聞かないとひどい目に合うわよ」というような「私に従いなさい」という服従の関係性を示す情報である。これはあくまでもこの母子においてはそのような意味になるということである。もしも違う文脈，たとえば母親が子どもに対して「いちいち親の許可を得る必要はないと

伝えている」状況であれば,「いちいち聞かないでちょうだい」「自分で決めなさい」という「私とかかわりを持たないでちょうだい」というような拒絶の関係性を示す情報となる。

このように気持ちの情報はそれまでの文脈や状況に依存した情報である。また,言語を使用した内容の情報は口調と切り離すことはできないため,内容の情報が単独に存在することはできず,常に一体となって情報を伝えているのである。

(3) 情報をどう受け取るか

ところで,先の気持ちを示す情報において言語化したものは,あくまでもその文脈において筆者が捉える現実である。異なる文脈であったり,異なる捉え方をする者にとっては,そこに見える現実は異なったものとなろう。コミュニケーションにおいてやり取りされる情報をどのように受け取るのかは,その文脈や受け取り手によって多かれ少なかれ異なる。

ベイトソンのダブルバインド理論の流れをくむ心理療法に,家族療法があり,さらにそこからブリーフセラピーやナラティブセラピーなども生まれている。これらは構成主義的心理療法と言われ,「人間は自らの心理的現実を単に表出するのではなく,それを構成しながら意味を作り出す存在であるという認識から出発するアプローチ」であり,「私たち人間は,自らの行動に影響を与える一つの世界観(「ストーリー」もしくは「物語」)を積極的に作り出している。つまり,どのように見るかということが何を理解するかということの決定を,さらに,何を理解したかということが何をするかということの決定を促している」ということを基本的な考え方としている(Hoyt 1998; 児島2006: 3, 18)。

つまり,人間がそれぞれ心の中でこれが現実であると感じているものは,それまでの経験などから自らが構成(すなわち,形作り,組織化し,編みこみ織りな)した物語であり,その物語がさらに自らの行動に影響を与えているということだ。

このため先に挙げた「気持ちの情報」の受け取り方はそれぞれの人が構成

した物語によって違った意味を持つことになり，人によって受け取り方やそれによって作られる関係性はさまざまとなる。

　ところで，筆者が本論の最初に述べた大学生と過ごす毎日の中で感じる違和感であるが，それはこの構成している物語のずれである。多かれ少なかれ，ずれは当然あるものだが，それが学生にとってより「否定的」な物語としてずれることが多いため，違和感となっているのである。

　構成主義的心理療法の目標では「より好ましいとされる（「臨床的」もしくは「治療的」）現実の社会的構成に注意を払うことによって，クライエントの人生に肯定的な影響を引き出すことにある」とされている。心理療法というわけではないが，ふだんの学生とのかかわりの中でも心理臨床の視点を持ち，何らかの生きづらさを感じている学生に対して，少しでも生きやすくなるような手助けができればよいという思いを持って，毎日を過ごすようにしている。

　そこで，次に学生とのやり取りを示し，現実の捉え方や学生自身の持つ世界観，学生自身が生きている物語に注目して考察してみたい。

3．事例：由子さんとのやり取り

　ここに登場する学生は由子さんと友人の綾子さんである。二人は筆者の授業を受講していた学生で，家族のことやアルバイトのことなどで困ったことがあると話をしにくる。筆者は学生相談も担当しているが，そちらに来ることはなく，いつも研究室にやってくる。このため，筆者はこの学生とのやり取りはカウンセリングとは考えてはおらず，教師と学生との日常の中でのやり取りと考えている。ただし，学生自身がどう捉えているのかは不明である。

　ここで挙げるやり取りがあった時点で由子さんは筆者の授業を受講しておらず，この先も受講することはカリキュラム上ない。そんな彼女が久しぶりに研究室にやってきたという状況である。なお個人が特定されない程度に変更を加えている。

綾子1：（ドアを開けて）こんにちは（と元気な声）。
岩田2：おや，まぁ。久しぶり（1か月ぶりくらい）。元気だった？　まぁ，入んなさい。
綾子3：あんまり元気じゃないです。
岩田4：あらそうなの。まぁ，お掛けなさいな（と椅子を進める）。
由子5：はぁ，ありがとうございます。（力なく座る）
綾子6：（さっと座る）今日は10分くらいしか時間ないんだけど，由子が相談があるって。
岩田7：あら，そうなの。
綾子8：私，席外そうか？
由子9：別に，いいよ。（疲れた表情）
岩田10：（きょろきょろ二人の顔を見る。）あら，そう？　じゃ，一緒で。
由子11：バイトに復帰したんです。（うつむき加減で，細々話す）前に少しやっていたお店で，喫茶店なんですけど，久しぶりだったんで，最初はレジだけで，ってお願いしていたんです。良いですよって言ってもらって入ったんだけれど，それなのに（口調が強くなる），初日からお店が混んでいて，結局，レジ以外の接客や食べ物の盛り付けも手伝うことになって，久しぶりだったから，手間取っていたら，先輩に「なに，どれがわかんないの，言わなきゃわからないよ，どれ？　それは，こうよ（声が大きくなり，強い口調）」ってきつい口調で言われて…もう，なんか，行きたくなくて。嫌われている…だってすごい口調で，そんないい方しなくてもいいのに。………それなのに，お客さんが少なくなってきたら，別のバイトさんとふたりで裏でタバコ吸っていて，私は放置…なんか…続ける自信なくて。
岩田12：そうか，大変だったね。
由子13：はぁ………。
岩田14：ところで，さ，私は二つ引っかかったことがあるんだけど。
由子15：なんですか？
岩田16：なんでしょう？

由子17：いきなり試験？

岩田18：試験じゃないよ，クイズ。

由子19：クイズ？

綾子20：クイズですか？　なんだろう。

岩田21：なんでしょう。

由子22：え…盛り付けのこと？　先輩がいろいろきつい口調で言うのは嫌われている，できない子だって思われていると私が思っているけど，見方を変えれば，教えてくれているって取れるってこと？

岩田23：ふんふん，そうね。もう一つは？

由子24：うーん，わからない。答えは何なんですか？

岩田25：なんだと思う？　………お店がすいてきたら，先輩が別のバイトさん連れてタバコを吸いに行って放置されたという話。

由子26：はい，放置されました。

岩田27：なんで放置って感じたの？

由子28：……………私が，さみしがっているってこと。

綾子29：さみしい…か。

岩田30：（うんうんと首を縦に振る）

由子31：それで，答えは何なんですか？

岩田32：今，由子さんが言った通りよ。私の引っ掛かりは，本当に先輩に嫌われているのか，そして放置なのかってこと。盛り付けのこと，もちろん，そんなきつい口調で言わなくてもいいなとは思うけれど，忙しいときにそんな優しく，どうしたの？　何がわからないのかしら？　なんて言われても気持ち悪いし，そんなこと言っていられないと思うのよね。もちろん多少先輩もイライラしたのかもしれないけれど，忙しい時なんだし，そんなのは仕方ないじゃない。最初はできなくて当たり前なんだから。今できないというのと，できない子というのは別よ。今できないことをそんなに気にすることはないのよ。放置のほうも，放置というより，前から二人はそこで働いているんだから，二人でタバコ吸いに行っても普通だと思う。先輩とあなたとの関係性と先輩とそのバイトさんとの関係性が違うよ

第1章　大学生のコミュニケーションを心理臨床から考える

　　ね。確かに一人になったらさみしいなと思うけれど，もし，一緒に行きたいなって思うなら，ご一緒してもよいですか？って聞いたらいいし，仲良くなりたいって思わないなら，ほっとけばいいし。

由子33：確かに…。

岩田34：でも，なかなか，その場にいてはそうは思えないところもあるよね。

由子35：そうなんです。それで，ちょっと最近体調悪くて，それをお母さんにわかってもらいたくって，別に何をしてほしいってわけじゃないんだけれど，体調が悪いってことを知ってもらいたくて「最近バイトがつらくて，体調悪いんだ」って言ったら，「それで，私にどうしてほしいの？（うっとうしそうな言い方）」って言われちゃって，ただ，調子が悪いってことを知ってほしいだけなのに。それで，そう言ったら「そんなの，私だって具合悪くたって仕事行く日いくらでもあるわよ」って。もう，それ以上何も言えなくなっちゃって，私，部屋にこもっちゃったんです。

岩田36：そうか…，バイトは大変だし，体調は悪いし，お母さんに話してもわかってくれないし。その上，ここにきて私に話しても，いろいろもの言われちゃって（笑顔で）。いろいろ言っちゃって，悪かったねぇ。

綾子37：ふふふ。

由子38：いえ，（はっとしたような表情）そんな（照れたような顔）。

岩田39：バイトを始めて，大変だっていうのを，ただそのまま受けとめてほしいのにね。

由子40：そうなんです。

岩田41：「私にどうしてほしいの？」なんて言われると悲しくなっちゃうね。

由子42：本当，どうしてほしいのではなくて…ただ，聴いてくれればいいのに………。

岩田43：時間は大丈夫？（すでに5分ほど時間を過ぎている）

綾子44：ほんとうだ。行かなくっちゃ。なんか，私も，似たようなことあるから，勉強になっちゃった。（立ち上がる）

岩田45：あら，そうなの。

由子46：ふーん。そうなんだ…。（立ち上がり，椅子をしまう）もうちょっと，バイトがんばってみます。
岩田47：そう，がんばってね。また，近況報告にいらっしゃいね。
由子・綾子48：はぁ〜い。

4．事例の考察

　先のやり取りを三つの視点で考えてみたい。一点はコミュニケーションの中での種類の異なる二つの情報のやり取り，つまり「内容」を示す情報と「気持ち」を示す情報のやり取りがどのようになされているのかということである。次にコミュニケーションをとる者の間に流れている関係性について，そして最後に語り手である学生が日常の出来事をどのように捉え，どのような物語を構成し，行動しているのかということについてである。

（1）二つの異なる情報のやり取り

　綾子さんが「由子が相談があるって」〈6〉と言って二人はやってきた。綾子さんは「相談」と言ったが，その一方で綾子さんが席を外そうかと尋ねる〈8〉と，由子さんは一緒で構わないという趣旨の返事をする。このため筆者は相談ではあるが，非常に個人的なものとまではいかない種類の相談で，困ったことにどう対処したらよいか何らかのアドバイスを求めてきたのだろうと，内容の情報と気持ちの情報から受け取った。そして，筆者は教師として話を聞き，アドバイスをしている〈10〉〜〈34〉。しかし，由子さんはアドバイスを求めてきたというよりは，「大変だ〜」というのをだれかに受けとめてもらいたい気持ちが(も)大きかった。そのことが〈35〉〜〈40〉までのやり取りで明白になる。

　由子さんはアルバイトを始めてこんな状況で困っているというようなことを最初に話すが，筆者が気持ちを受けとめるというよりは，いくぶん距離を持って，「それは本当にそうなのか？」と，つき返す〈32〉。すると，知的にいったんは捉え「確かに…」〈33〉と答えるものの，〈35〉で母親とのやり取

りを通して「ただ気持ちを受けとめてほしいだけなのに，受けとめてもらえない苦痛」が語られる。これは今，筆者と由子さんのやり取りで生じたことと同じなのだ。

　困っている出来事を語ること〈11〉を通して，由子さんがしようとしたことは，出来事の事実を伝えたり，どうしたらよいかという解決策を求めたのではなく，そこで生じた感情を理解して受けとめてほしかったのだ。それに対して，聴き手である筆者は〈32〉では，感情を受けとめることをせず，〈34〉〈36〉〈39〉でやっと感情を受けとめている。

　由子さんは〈35〉で，筆者に気持ちを受けとめてもらえないことを意識的に話したり責めたわけではないが，結果的には受けとめてもらえないつらさが零れ落ちる形になった。もしも，筆者が〈36〉で「体調が悪くても働くのは社会人になったら当たり前のことだ」などと，教師としてあるべき姿を学生に指し示していたら，完全にすれ違いのコミュニケーションになってしまう。文字の上つまり内容の情報としては成り立っているかもしれないが，気持ちの情報としてのやり取りはすれ違い，由子さんは苦しい思いを残すことになったであろう。

　事実，母親とのやり取りにおいては，嫌な思いを残している。由子さんが体調不良を母親に伝えるが，「私にどうしてほしいの？」「具合が悪くても仕事に行く日はいくらでもある」と返され，由子さんは部屋にこもることになる〈35〉。これは由子さんが「ただ知ってほしい」と言ったのに，母親から意見をされたという事実が，自分を受けとめてもらえないという気持ちの情報だと受け取ったからであろう。しかしその一方で，由子さんの訴えの中にも，母親に対して「私を労わって」「バイトをがんばっているねと褒めてほしい」「無理をしなくてよいと言ってほしい」というような気持ちの情報が載っていたであろう。これを母親が受け取って，先の発言「私にどうしてほしいの？」につながったと思われる。

　実際のところどのように気持ちの情報がやり取りされたのかはっきりとはわからない。しかし，いずれにせよ筆者の目には，由子さんと母親が言葉のキャッチボールはしているものの，気持ちのキャッチボールはうまくでき

ず，由子さんから投げられたボールが母親には受けとめてもらえず（受けとめきれず），その結果，由子さんが部屋にこもり，キャッチボールをやめたように見える。どちらが良い悪いということではなく，互いがこのやり取りを苦しいものにしているように感じた。

(2) 関係性

ところで，上記の由子さんと母親とのやり取りで二人の関係性はどのようなものとなっていたのであろうか。二人は客観的には大学生の子どもと母親である。由子さんが気持ちの情報として伝えようとしていること，「私を労わって」「バイトをがんばっているねと褒めてほしい」「無理をしなくてよいと言ってほしい」というものには，幼い子どもが母親に甘え，依存するような，そしてそこからエネルギーを得ようとしている，そんな関係性を求めているように感じる。それに対し，母親は自分のことは自分でしなさいというような自立した大人同士の関係性を求めているように感じる。両者のやり取りにおいて，そこに期待する関係性にずれがある。

このようなずれは筆者と由子さんとの間でも起こっている。由子さんとのやり取りの中で，丁寧に聞くことをしていないが，筆者が気になった部分に〈17〉がある。〈14〉〈16〉で筆者がそれまでの由子さんの話に対し「ところで，さ，私は二つ引っかかったことがあるんだけど」「なんでしょう？」と言ったのに対し，「いきなり試験？」〈17〉と答えたことである。もちろん，筆者が教員であり，由子さんが学生であるという関係性ゆえに生じた言葉であろうが，筆者はこの会話のこの文脈において「試験」と感じているということに驚いたのである。

筆者は〈18〉で「試験じゃないよ，クイズ」と答えたように，「なんでしょう？」という質問をクイズという遊びの感覚を交えたものとして，由子さんに問いかけたつもりであった。しかし，由子さんは，試されるとか評価されるという気持ちの情報を含んだものとして捉えたのである。もちろん，筆者としては問いを投げかけることで，由子さんに内省してもらいたいという思いはあった。しかし，それは試すという気持ちではなかったのだ。

このやり取りの背景には，筆者が教師という立場がもたらす関係性を十分に把握できていなかったという点と，由子さんが筆者もしくは教師，他者全般との関係において，自らが評価され試される者であると意味づけていたという点とが考えられる。

前者に関して言えば，筆者の考えが甘かったとしか言いようがない。先に書いたように自ら教師として学生の話を聞いていたのであるから，それくらいは予想していてもよかったであろう。教師という立場が学生という立場の者に与える目に見えない権力への意識が十分ではなかったということだ。その意味では，心理臨床的にあいまいな関係性の中で話を聞くことへのお叱りも聞こえてきそうだと反省する。

そして，後者を考えると，由子さんが「岩田は評価し試す者，己は評価され試される者である」と捉えていたのならば，この時間は岩田からの評価を気にし，緊張の絶えない時間でもあったろう。また，筆者個人ではなく，教師と自分，他者全般と自分とを「評価し試す者と，評価され試される者」と関係づけているのであれば，より多くの場面で他者の目を気にしなければならず，緊張を抱えることも多いのであろう。実際アルバイトの先輩からできない子と見られているのではないかという不安がちらりと語られている〈22〉。その面から考えると，他者からの評価を気にしているという側面がいくらか感じられる。

事例の中での「いきなり試験？」という発言を彼女がしたのは，筆者の「問いかけ」という行為と，筆者の教員という立場が，「評価し試す者と，評価され試される者」という彼女が他者との関係において持ちがちな関係性に陥らせたことによるものと考えている。単なる問いかけを，試験という他者から評価され緊張感を伴うようなものとして捉えるとすれば，それもまたしんどいことであろう。そう思うと，彼女の抱えるしんどさの一つは，由子さんの持ちがちな関係性がもたらす緊張感なのかもしれない。

(3) 日常の出来事の捉え方を構成する世界観（もしくは物語）

由子さんとのやり取りの中で，筆者の現実の捉え方と彼女のそれとの間に

ずれを感じ，彼女に指摘した部分が 2 か所あった。それはアルバイトの先輩に「嫌われている」ということと「放置された」〈11〉ということだ。もちろんこの二つの言葉から筆者自身が受け取っているニュアンスと由子さんの意味しているニュアンスには違いがあるのかもしれない。その点を十分に確認していないので，わからない部分もあるのだが，それにしても，話から受け取る印象と「嫌われている」「放置された」とは幾分の距離を感じるのである。筆者の捉え方では，それは嫌われているのでも，放置されているのでもなく，仕事が回らないから新人に指示を出しているまたは指導している，休憩の過ごし方についても先輩自身が自分の休憩を遠慮なく楽しんでいるというものである。そのため由子さんと先輩との関係性は肯定でも否定でもないものとして捉えている。しかし，彼女は先輩からの拒絶と感じ，否定的な関係性と理解しており，そう受け取らざるを得ない世界観をもっていたのだろう。

　これらの「他者から拒絶されている」という感覚は学生の話を聞いていて時々感じる。教育実習に行った学生がこんな訴えをすることがある。「実習先の先生にいじめられた」。しかし，話を聞いても，正直なところ，筆者ならば「いじめられた」とは捉えないような出来事が多い。たとえば，子どもたちに突発的な出来事が起こり，先生がそれにかかりきりになってしまっている。自分は何をしたらよいか指示を待っているのに，何も声をかけてくれない。朝，他のクラスの実習生には笑顔で話しかけていたのに，私には何も言ってくれない。他のクラスの実習生には何も小言を言わないのに，私にだけは「挨拶がきちんとできていない」，「わからない時には自分から聞かなければいけない！」などと言われる。ちゃんと報告，連絡，相談をしているのに，していないと言われる。これはいじめとしか思えない，というようなことである。このような訴えをする学生は，自らがそれまでの経験から構成してきた世界観によって，今ここで起きている出来事を再構成していく中で，自分が実習先の先生にいじめられているという現実を構成しているのであろう。

　なぜ自分が拒絶，少しやわらかい言い方をするならば受けとめられていな

いと取るのだろうか、そのような世界観でものを見てしまうのだろうか。先に挙げたように、人間がそれぞれ心の中でこれが現実であると感じているものは、これまでの経験などから自ら構成した物語であり、世界観である。つまり、生まれてから今に至るまでの様々な経験を自らの物語に編みこみ続けた結果が、今の世界観となっているのである。

このように考えると、その人がどのような家族のもと、どのように育ってきたのか、そして周囲の人間との間にどのような関係を作ってきたのかということを含めて考えていくことが重要となる。ここでは詳細な検討は行わないが、やはり受けとめられていないという世界観を持つに至るにはそういう体験を積み重ねてきたであろうことが伺われるのだ。そんな学生の過去にもしんどさを覚える。それと同時に、これまでに構成してきた世界観が現在の体験の意味を構成し、さらにそれが未来の体験を構成していくことにも繋がると考えると、現在のしんどさは過去のしんどさだけでなく未来のしんどさも感じさせ、その苦しさの重みは増す。

先の実習の例でいえば、受けとめられる体験を重ね、肯定的な世界観を持つ者であれば、同じ状況におかれたとしても、自分を指導してくれて、ありがたい存在だと受け取るであろう。その受け取りの結果生じる態度も違ってくる。ありがたいと思えば、より積極的に関わり、先生と実習生の関係はより良好なものへと一般的にはなっていく。逆にいじめと受け取れば、行動は委縮し、時には反抗的になり、両者の関係が悪化するのも目に見えている。そうして、はじめは先生には学生への負の感情がなかった場合でも、反抗的な態度や消極的な態度から、実際に負の感情を持ってしまうようなことも起こる。それが否定的な感情のスパイラルとなって急速に両者の関係性を悪化させていく。

このようなことは実習場面だけではない。ここまで極端ではないにせよ、筆者が授業を行っていても感じるものであり、決して特殊な出来事ではないと感じている。

ところで、この世界観は変わることがないのかといえば、もちろんそうではない。絶えず、体験を通して再構成されていくものである。先に述べたよ

うに，苦しい体験を重ねることで苦しい物語を再構成していくこともあるが，逆にそれまでとは異なる「受けとめられる体験」を通して，これまでとは異なる肯定的な物語を構成していくこともできるのだ。

それは日常の生活の中での様々な人とのかかわりの中で行われていく。親と子の関係の中で，友人との関係の中で，社会の中で……。

筆者と由子さんとのやり取りは，そんな生活の中の一場面である。由子さんとのやり取りの中で，「嫌われている」「放置」については，筆者の捉え方を伝えた。そしてやり取りの中で受けとめられる体験を少しでも実感として持てたようであれば，なおうれしい。実際のところ，これらがどの程度彼女自身の物語に編み込まれ，現実を捉える世界観の構成に関与していくのかわからなかったが，わずかでも彼女の物語が，拒絶とは異なる物語へと変化することを期待してのひとときであった。

5．思春期・青年期とコミュニケーション

本章は「大学生のコミュニケーションを心理臨床から考える」としたように，大学生のコミュニケーションについて検討してきた。しかし，正直なところ，筆者が事例として挙げた由子さんが大学生であったこと，筆者が大学生とのやり取りの中で違和感を持つことが多いというだけのことで，「大学生の」という限定が，本章において必要であったかというと，そうではない。しかし，あえてこの点について取り上げるとすれば「思春期・青年期」という時期についていくらか言及できるであろう。

思春期はおよそ中学生くらいから高校生くらい，そして青年期はおよそ大学生を指すと考えた場合，いずれも子どもから大人へと変化していく時期であり，その前半と後半といったような感じである。その前半である思春期は心理・生理的な意味合いでの変化が大きく，身体も第二次性徴を迎え，生殖器が発達し，見た目も変化していく。これに伴い，他者の目というものを気にするようになる時期である。自己意識の発達とともに，他者から自分自身がどのように見られているのか，そして他者と自分の関係性にも関心が向く

時期である。また第二次反抗期とも言われ，親からの自立を求める一方で，依存も求める。これらの点より，コミュニケーションの中においても，他者との関係性を意識することが多く，敏感に反応する部分があるであろう。

　また，後半の時期，青年期について考えてみたい。この時期は心理・社会的な意味合いでの変化が大きい。アイデンティティの確立が発達課題となり，己が何者であるのかということをはっきりとさせていくことが求められるが，このことは社会の中で一人前の人間として社会からの期待に応えることができるということも含んでいる。そのため，周囲からは「大人」としてのあるべき姿を求められる機会が多くなっている。実際の自分と期待される自分との間のギャップにうまく対応できないこともコミュニケーションにしんどさを与えているように感じられた。

　こういった思春期・青年期心性がコミュニケーションにおけるしんどさにいくらかの影響を与えていると考えられる。特に学生たちの多くは年齢的には青年期にあるものの，その心性という面では思春期的なものを多く残しているように感じた。他者の評価を気にしたコミュニケーションや，自立と依存の葛藤的なやり取りも，思春期のそれに近いものであるように感じる。そのように考えると，断言することはできないが，いくらか思春期的な時期が延長している可能性を感じる。これまでは高校を卒業するくらいまでに終えていた心理的な課題が大学生に持ち越されているのであろう。そのようなことも学生のコミュニケーションのしんどさに影響を与えているのかもしれない。

6．生活の中でのコミュニケーション

　最後にコミュニケーションについて，いくらか一般化して考えてみたい。
　人がコミュニケーションをとる上では，質の異なる情報がやり取りされており，それによって関係性が作られていく。コミュニケーションをとっていく上で，何らかの違和感を持つとき，その異なる複数の情報が一体何を伝えているのか，そしてコミュニケーションをとる者同士の間にある関係性を互

いがどのようなものとして捉えているのか，ということに注意する必要がある。そこにずれがあり，うまくかみ合わない場合は，自分自身の発している情報がなんであり，どのような関係性を期待しているのか，そして相手のそれがなんであるのかということを十分理解することが必要であろう。そのことから，より疎通性の高いコミュニケーションが可能となるのではないだろうか。

　また，情報や関係性を構成しているその人の持つ世界観，物語を十分理解することで，コミュニケーションにおいて何がやり取りされているのかをより深く理解することができ，人間としてのより深い交流ができ，人生を豊かなものとしてくれると考えている。

おわりに：少しでも生きやすい人生を歩むために

　今回，由子さんとのやり取りを事例として掲載するにあたり，本人の許可を得る目的もあり，やり取りの文章を読んでもらった。すると「そんなこともあったね。あの後，先輩からいろいろ厳しく言われることは，教えてくれているのかなと思えるようになっていったよ。先輩を観察してみたんだけど，忙しい時に口調が厳しくなることがわかってさ〜。それにタバコのことも。ちゃんと私にも休憩行ってきていいよって言ってくれるようになったから。でもさ，あの後，少しして，またバイトはお休みしてたんだ」とのことであった。

　それほど簡単にしんどさがなくなるものではないなと感じながらも，まずは彼女の現実の捉え方，他者との関係性の意味づけ，世界観がいくらか変化したことは正直なところ嬉しかった。しかも，筆者に言われたことを鵜呑みにしたのではなく，その後のかかわりの中で自らが様々な情報を得てそれをもとに，関係性の示すところを構成し直し，意味を作り出していっている。先輩を観察したということは，筆者とのやり取りによって筆者の世界観と自分の世界観とのずれに気付き，わずかな世界観の変化に伴い，行動にも変化が起こり，観察してみようという気になったのだろう。

次に同じようなことが起こった場合，彼女がどのような意味を付し，どのような物語として現実を捉えるのかはわからない。前と同じように「嫌われている」「放置」と取るのかもしれない。しかし，いったん今回の状況において，嫌われているのではないことや放置ではないという現実を自分のものとしたことは，次の関係性の捉え方に何らかの意味を持ち，つながっていくと信じている。

引用・参考文献

黒川昭登，1992，「家族関係論」，氏原寛ら監修『心理臨床大辞典』培風館，p.1206
Michael F. Hoyt, 1998, *The Handbook of Constructive Therapies: Innovative Approaches From Leading Practitioners*. San Francisco, Jossey-Bass Publishers.（児島達美監訳，2006，『構成主義的心理療法ハンドブック』金剛出版，pp.3, 18）
村瀬嘉代子，2006，『心理臨床という営み』金剛出版
野村直樹，2008，『やさしいベイトソン』金剛出版

第2章

コミュニケーション・スキルの習得
──模擬カウンセリングとプロセスレコードの活用──

永石喜代子

　看護学では対人援助に関わる者として，コミュニケーション・スキルの習得が重要となる。コミュニケーション・スキルは，一般的には「意思疎通の技能」と訳される。コミュニケーションを心理学的な側面から理解するために，学生同士がカウンセリング役とクライエント役を交互に体験する「模擬カウンセリング」を活用している。スキル習得には，学生と患者との相互作用を検討するためにプロセスレコードが活用され，看護行為の振り返りのみではなく自己の傾向を知る手法の一つとして精神保健看護領域で用いられている[1]。

　プロセスレコードはペプロウ（Peplau 1952）によって提唱され，患者と看護師とのコミュニケーションをありのままに再現し，自己を振り返り相互作用を検討するために考え出されたものである。その後オーランド（Orland 1961），ウィーデンバック（Wiedenbach 1964）により工夫が施され「看護場面の再構成」とも呼ばれている。

　鈴鹿短期大学における生活学専攻養護教諭・福祉コースでは，自己知覚と患者理解の方法の一つとして「臨床実習」の記録に，プロセスレコードを導入している[2]。患者と学生のコミュニケーションで気になる場面，戸惑った場面を記録し，自分の行動を振り返ることで自己覚知とコミュニケーション技術を習得する。

　しかし，「臨床実習」終了後の学生からの報告や，プロセスレコードの記

録からは，プロセスレコードが充分に活用できているとはいえない。プロセスレコードの目的が理解できず「どの場面を書いたらよいかがわからない」「分析が難しい」などの学生の意見が目立ち，実習記録も充分な自己洞察ができていない。特に本学の学生にとっての「臨床実習」は，初めての実習であり緊張や不安のなかで体験したことを振り返り，そこでの相互作用や自己の行動を分析することは容易な作業ではないと考える。

そこで，何らかの補助的ツールが必要と考え，2008年より「看護学Ⅰ」[3]の教科の「看護の基礎として必要な技術」として，看護者と患者のコミュニケーション過程の理論と模擬カウンセリングやロール・プレイを導入し，プロセスレコードの導入の契機の補助ツールとした。さらに「臨床実習」の事前，事後指導を含めて，段階的にコミュニケーション・スキルの向上を図った。

これは，学生が「臨床実習」で「現場」を体験するだけではなく，現場で見聞きした出来事や自分自身の行動に「省察」を加えることで初めて，それらの「経験」が「知」へと高められ，コミュニケーション・スキルの向上に有効であると考えるものである。その評価は，演習後の「リフレクション・シート」や「プロセスレコード」に用いた患者や相手の相互作用の振り返りから，質的研究方法論を踏まえて，「臨床実習」でのプロセスレコードの有効性と，コミュニケーション・スキルの向上を図るものである。

1．研究方法

研究の対象は，「看護学Ⅰ」および「臨床実習」に参加した1年次の学生20名である。期間は2008年4月～2009年3月（「看護学Ⅰ」の講義から「臨床実習事後指導」）であった。研究方法は表1の「コミュニケーション・スキルの段階的習得」で示すように，段階的に習得できるように約1年間の計画を立案した。

第1段階は「看護学Ⅰ」での講義，第2段階は「看護学Ⅰ」でのロール・プレイ，第3段階では実習事前指導のプロセスレコードの記入訓練，第4段階では「臨床実習」でのプロセスレコードの記録と，段階的にコミュニケー

第2章 コミュニケーション・スキルの習得

表1 コミュニケーション・スキルの段階的習得

段階	プログラム（内容）	授業科目	時間	資料	評価
第1段階 (5月)	①コミュニケーション理論（講義）	看護学Ⅰ	20分	カウンセラーコーチング	リフレクションシート
	②模擬カウンセリング演習（1回目）		30分		
第2段階 (5月)	③コミュニケーションスキル1（講義）	看護学Ⅰ	20分	コミュニケーション・スキル	リフレクションシート
	④模擬カウンセリング演習（2回目）		30分		
第3段階 (12月)	⑤プロセスレコード記述の説明	臨床実習ガイダンス	20分	プロセスレコード用紙	プロセスレコード（練習）
	⑥プロセスレコード記述と演習		30分		
第4段階 (3月)	⑦プロセスレコード記述と評価	実習・事後指導		実習記録	プロセスレコード（実習記録）

ション・スキルの向上を図った。

①第1段階では、1年次前期の教科「看護学Ⅰ」の第5週「看護の基礎として必要な技術, コミュニケーション理論」で, コミュニケーション理論の講義と第1回の模擬カウンセリング演習を行った。演習は学生同士がペアを組み「カウンセラー役」と「クライエント役」を相互で分担する。

「クライエント役」の学生は「カウンセラー役」の学生に, 模擬の相談を実施する。講義とロール・プレイでは, 資料1のカウンセラーのコーチング術を活用しながらグループ学習と検討を実施した。

②第2段階では,「看護学Ⅰ」の第6週「コミュニケーション・スキルの向上」で, 資料2のコミュニケーション・スキルの分類について説明を加えた後, 第2回模擬カウンセリング演習を行った。演習のペアは第1回カウンセリング演習と同じ組みあわせとした。第2回演習の後, 表2の「リフレクション・シート」を用いて「体験による気づき」と使用したスキル技法を求めた。

コミュニケーション・スキル技法は, 閉鎖的質問, 開放的質問, 誘導, 明確化, 支持, 励ます, うなずく, 受容, 傾聴, 共有, 言い換える, 繰り返す, 要約, 言語化の14項目とした。

③第3段階の「臨床実習」ガイダンスで, プロセスレコードの説明を行っ

表2　演習後のリフレクション・シート

リフレクション・シート　(　　年　　月　　日　)
①「カウンセラー役」を体験しての「気づき」「学び」を記述する。
②「クライエント役」を体験しての「気づき」「学び」を記述する。
③第1回目のカウンセリング演習 第1回カウンセリング演習で使用したコミュニケーション・スキルに○をする。 ・閉鎖的質問・開放的質問・誘導・明確化・支持・励ます・うなずく・受容・傾聴・共有・言い換える・繰り返す・要約・言語化（14項目）
③第2回目のカウンセリング演習 第2回カウンセリング演習で使用したコミュニケーション・スキルに○をする。 ・閉鎖的質問・開放的質問・誘導・明確化・支持・励ます・うなずく・受容・傾聴・共有・言い換える・繰り返す・要約・言語化（14項目）

た。プロセスレコードとは何か，プロセスレコードの再構成の目的，プロセスレコードの記述・評価の方法を説明した後，学生が今までに経験した「気になる場面」をプロセスレコード用紙に記述した。記述したもののなかで，演習として検討してもよいという場面を，記述した学生の許可を得て，グループで演習（ロール・プレーイング）を行い，その時の気持ちを発表し合い意見交換を行った。プロセスレコード用紙は Peplau のフォーマットを一部変更して使用した。

④第4段階は「臨床実習」で気になる場面をプロセスレコードに記入し，実習指導者のコメントを受けた。実習記録からコミュニケーション・スキルを分析し，記述しながら考えたこと，感じたこと，指導者のコメントから自己分析を行った。

　倫理的配慮は，調査の実施およびプロセスレコードの分析にあたり，対象学生に研究の主旨，学生への個人情報の厳守と拒否できることを説明し文章において許可を得た。また，分析結果は本研究以外には使用しないこと，個

第2章　コミュニケーション・スキルの習得

表3　プロセスレコードの用紙

プロセスレコード				
グループ名				学生名前
				記入年月日　年　月　日
この場面を取った動機				
患者のプロフィール				
相手(患者)の言動	私(学生)が感じたり考えたりしたこと		私(学生)の言動	分析・気づき・アセスメント
スキルの活用	・開放的質問　・誘導　・明確化　・支持　・励ます　・うなずき　・受容 ・傾聴　・共有　・言い換える　・繰り返す　・要約　・言語化			
この場面で学んだこと				
指導者・評価				

表示について：
　吹き出しは指導者のコメント　例　　　　指導者が学生に考えるように指示
出所：長谷川雅美「プロセスレコード」2001より一部変更。

人情報厳守のため，掲載はデータに影響が及ばない程度に一部修正を加え，対象者へのプライバシーの保護に努め，掲載の了承を得た。

2．結　果

　コミュニケーション・スキルの段階的習得について，各段階における結果である。

【結果1】　リフレクション・シートの「気づき」「学び」の結果

　表4は第2回目の模擬カウンセリング演習後，リフレクション・シートに記述された「カウンセラー役」を体験しての「気づき」「学び」の結果である。

表4　カウンセリング役の体験「気づき」「学び」

No.	内　　容	カウント
1	傾聴することの難しさを学んだ。	14
2	相手の気持ちを考えることが大切であることを学んだ。	10
3	カウンセラー役で何を聞いてよいかわからず焦った。	8
4	相手の悩みを聞き出したらよいか戸惑った。	8
5	1回目と2回目を比較して、2回目の方が多くのスキルを使うことができた。	7
6	沈黙が怖かった。何か話さなければと話題を探した。	6
7	相談を聞いてあげようと焦り余裕がなかった。	5
8	考え方に個人差が大きいことを学んだ。	5
9	クライエント役をしてみて、心理学をもっと学びたいと思った。	5
10	模擬カウンセリングの後、グループで話し合ったが、人によって感じ方、捉え方がちがうと思った。	4
11	人の価値観、判断は違うことを覚えておかないと。	3
12	自分の価値観で「それはダメ」と押しつけてしまう自分に気づいた。	3
13	クライエント役をして、相談した人はもっとしっかりとした返事がほしいのかなと思った。	3
14	相談内容が自分の経験がないと返事が難しかった。	2
15	2回目になると無理して返事をしなくてもいいのではと思うようになり、一生懸命に聞くことにした。これが「傾聴」かなと感じることができた。	2
16	相談を受けるには相手がどのような人かを知らないとわかりにくい。返事をしたあとで「あれでよかったのかな」と考えたりする。(後の反応が怖い)	2
17	カウンセラー役で黙って聴くことが自分にとって苦手で、いつも自分がしゃべっていることに気がついた。	2
18	沈黙が苦手で不安になるという自分の傾向がわかった。	2
19	自分の性格的から「話す」より「聞き役」が楽だった。	2
20	「要約」「言語化」は説明を受けたが実際には難しくて使えなかった。	2
21	1回目は自然体で話を聞けたが、2回目は緊張した。	2
22	無理して返事しなくてもいいのではないかな。まずは相手のことを知ろうとすることでよいのではないのかな。話を聞いていて「つらいんだな」「悩んでいるんだな」と感じることで「共感」なのではと感じた。	1
23	自分の感情を抑えて話を聞くことは苦手でストレスを感じた。人の話を聞くのは疲れる。	1
24	カウンセラー役で相談している人はどこまでの答えを求めているのかなと思った。	1
25	2回では目線や声のトーン、スキルなどを考えて対応したが、気になりすぎて緊張した。知識があっても慣れないとそのスキルは上手く活用できないと思った。	1
26	白紙　わからない	2

第 2 章　コミュニケーション・スキルの習得

表 5　「クライエント役」を体験しての「気づき」「学び」

No.	内　　容	カウント
1	話しやすい雰囲気が大切であると感じた。	15
2	しっかりと聞いてくれているという「安心感」が大切であることを学んだ。	13
3	何かをしながら，自分の方に向いていなかったりしたときは「無視」されていると感じた。寂しかった。腹が立った。	10
4	うなずいたり，「それでどうした？」と聞いてもらえたときは，嬉しかった。	8
5	自分に関心を持ってもらえることが嬉しかった。	8
6	カウンセラーとクライエントの両方の役割をやってみて，相手の気持ちが少し理解できた。	7
7	改めてクライエント側にたつと，声のトーンや話し方，目線，環境などが気になった。	4
8	褒めてもらうのは少し恥ずかしいが，励ましは大切だと感じた。	4
9	タッチングは個人差がある。	2
10	話し合ってみると個人差を感じた。褒められたり，タッチングは，その人とのラポールの深さで違うだろうが，「あまり嬉しくない」「お世辞は嫌」という人もいる。距離の問題かもしれないが，コミュニケーション・スキルがすべての人に良いということではないと思った。	1
11	性格にもよるが，あまり深く入ってこられると「馴れ馴れしいな……」と思う。私だったら，そっとしておいてほしい。見守ってほしい。	1
12	白紙　わからない	2

　表 5 は「クライエント役」を体験しての「気づき」「学び」の結果である。リフレクション・シートの回収は20名全員で，記述のあった内容を整理した。類似した内容は複数カウントで表示した。

　以上のように，模擬カウンセリングではカウンセラー役とクライエント役の相互を体験したことで，自分の対応の仕方や相手の気持ちに気づくことができたこと，グループ検討することでその感じ方には個人差があることなど，模擬カウンセリングではあるが，体験することでの学びがリフレクション・シートに記述されていた。白紙やわからない人が 2 名いたが，リフレクション・シートそのものに記述ができていなかったことから，コミュニケーションが苦手な学生であると予測できる結果であった。

【結果2】「第1回目と第2回目とのコミュニケーション・スキルの比較」
　コミュニケーション・スキルの分類（資料2）をもとに，コミュニケーション・スキルの説明前・後のコミュニケーション・スキルの活用項目の内容を比較した。結果は図1のようになった。

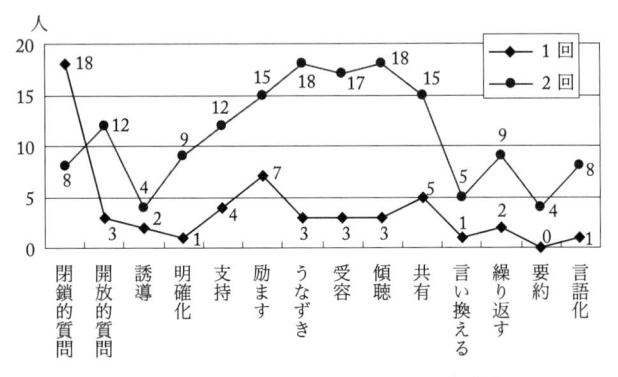

図1　コミュニケーション・スキルの活用

　第1回の模擬カウンセリング演習では，「閉鎖的質問」を行ったと記入した学生は20名中18名であった。次に「励まし」が7名であった。次に「共有」が5名で，その他の技法はほとんど活用できていなかった。
　しかし，介入後（コミュニケーション・スキルの説明）の第2回模擬カウンセリングでは，「閉鎖的質問」は8名に減少し「開放的質問」が12名に増

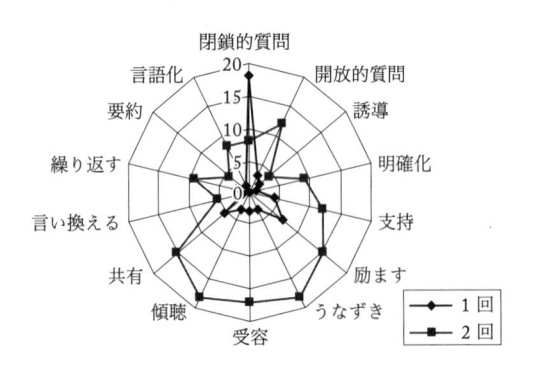

図2　コミュニケーションスキルの特徴

加した。「うなずき」や「受容」「傾聴」は第2回目の模擬カウンセリングでは，実施したと記入した学生の増加が見られた。全体的に介入後の第2回模擬カウンセリングでは，コミュニケーション・スキル技法の種類が増加していた。

　しかし，図2で示すようにコミュニケーション・スキルの「支持」「励ます」「うなずき」「受容」「傾聴」「共有」は介入後の第2回目演習では増加したが，「言い換える」「繰り返す」「要約」「明確化」「誘導」は第2回目演習であっても，それほどの増加は見られなかった。

【結果3】「気になる場面」プロセスレコードの訓練分析結果
　第3段階のプロセスレコードの意義，記述方法の説明後，プロセスレコードの記述の練習のために，「今までで気になる場面」のプロセスレコードを記述した。その結果，学生が場面設定の対象として選んだのが，友達関係の13名で圧倒的に多かった。次にアルバイト先，先生，兄弟が2名ずつで，親との関係場面を選んだ学生は1名であった。

【結果4】　事例1：プロセスレコード「友達との関係」
　日常生活で気になる場面をプロセスレコードで記述し提出したなかで，事例1を分析する。友達関係で多くの学生が同じような場面を選んでいた。
　事例1は元気のない友達に心配で声をかけたが，自分の思いが伝わらず，不穏な雰囲気になってしまい，どうしてこのようなことになってしまったのだろうかと気になった場面としてプロセスレコードに書いている。このなかで次のようなことが分析された。
　表6で示したように，学生は自分の言動について丁寧に分析できていた。友達の気持ちを大事にしたい，受容しなくてはと思いながらも，友達との距離が取れなくて焦ったり，押しつけたりして，ますます自分の気持ちと自分の言動がずれてきた場面をプロセスレコードで記述でき分析できていた。
　例えば①の最初の声のかけ方で，元気のない友達に対して「最近どうした？」と聞いている。友達を心配し，相手の状態を観察しての声かけであ

表6 事例1：プロセスレコード「友達との関係」

友達との関係（友達の気持ちを理解する。気持ちのすれ違った場面）			A子　25歳
この場面を取った動機	友達が元気がない。心配で話を聞いてみようと声をかけたが、うまく自分の気持ちが伝わらず、気まずい雰囲気となった。なぜ食い違ったか、気になっていた場面であったから。		
相手のプロフィール	この1週間、元気がなく休みが多かった。心配な友達であった。試験の時期である。		
相手（患者）の言動	私（学生）が感じたり考えたりしたこと	私（学生）の言動	分析・気づき・アセスメント
②反応なし【困惑】④（ブスッとした表情で）わかっとる！【反発】	最近、元気ないな…。休みも多いし。心配。今日は学校に来ているから聴いてみよう。【相手を観察した表現】⑤心配しているのに（少し不快）（相手との距離が取れていない）	①最近どうした？【相手の立場を考えた表現】③さぼってばかりで、試験やばいことないの？【相手の立場の配慮ができない】　一呼吸おいて…相手の言葉を待つことができたら？どう反応しただろう？	①の発言「最近どうした？」でもう少し待ってもよかったかな？③の言葉に反射的に反応した④。②の反応なし、無言の意味は？さぼっている。やばいと言われた④の気持ちを考えることが大切？その時の表情は？観察が必要。
⑥わかっとる！元気のない顔	⑦元気ないな…。何か原因があるんやろうか？【相手の立場を考えた表現】	⑧学校で何かあったん？（例）元気ないように見えるけれど、どうした？	⑦「元気ないな」と思ったことを素直に返してみると、心配していることが伝わったのではと感じた。【相手と向き合う姿勢】
⑨…（沈黙）沈黙の裏に何が？配慮できた？	⑩何かあったんやな…。でも、無理に聴き出すことはあかんな。【相手の立場の理解】【距離を置く】	⑪何があったんや？言わんとわからん!!【相手との距離が取れずに感情的となる】	⑧学校で何かあったと決め付けている。【決めつけ・命令】
⑫今は説明しにくいよ【相手の立場に立つことができない】どんな思いをしている？	この言葉を受け止めることができましたか？⑬気になるな…⑭放っておいて大丈夫かな…。【困惑】	矛盾。受容を考えながら自分の考えを優先している。（例）今は説明ができないんだね	⑨の沈黙に対して、⑩で何かあったのやと思い、無理に聞き出すことはダメだと思っている。しかし、それに反して⑪「言わんとわからん」と言ってしまっている。なぜ？この矛盾はどこから？【自分の感情を優先】【焦り・強制】
	⑮どうしてよいかわからん。【混乱、相手の気持ちが理解できない】	【受容・確認・支持・理解】	⑮⑯⑲は混乱状態。相手が見えない状況である。

34

第2章　コミュニケーション・スキルの習得

⑰もういいやろ。(暗い顔で離れていく) 早くその場を離れたい…理解できる？	⑱気まずい雰囲気。どうしようもない…行き詰まった… 【困惑・動揺】 心配してくれているんだ…後で相談してみようかな…とならないかな？	⑯…。(沈黙) 【困惑】 ⑲うん…。(何も言えない) (例)今日は話しにくそうだね。話をしたいと思ったときには言ってきてね。元気がないので心配だけど待っているからね。	気持ちや動揺が，相手に伝わっているので，ますます気まずい雰囲気。自分も沈黙となり戸惑う。 ⑯のどうしてよいかわからない。 【困惑・動揺】 ⑱ここで，無理に聞き出さずに要約して次につなぐこと。 自分の気持ちを伝える。 【相手に説明して改善の方法へ】 【共感・様子を見る…相手の立場】
この場面で学んだこと	・相手の表情や気持ちをわかろうとしたつもりで書いていたが，分析してみたら，どうしてこれだけ心配しているのに伝わらないのだろうかという気持ちがあった。その気持ちが，焦りとなり決め付けたり，相手を攻めたりしていたということに気が付いた。		
指導者・評価	とても重要な点に気が付いています。自分の思いを相手に伝えることも重要です。沈黙や待つこと，共有することが重要で，説明を求めるだけがコミュニケーションではないことが明らかになった場面です。受容・待つことが重要。		

る。しかし，②の友達の反応なしに，逆に反応してしまっているのが③の相手の答えを待たずに「さぼってばかりで，試験やばいんじゃない！」と反応してしまっている。聞かれた側としては，「どうした？」と心配して聞いてくれる友達の声かけなのに「さぼっていた！」「試験がやばい！」などと一方的に追い込まれた状態になっていた。せっかくの友達への心配や優しさが相手に伝わらず，言えば言うほど雰囲気が悪くなり焦ってくる自分を分析できている。

　このような場面では日常的に感情のすれ違いが生じる。この場面ではゆっくりと安心できる雰囲気や言葉かけ，さらには，「どうした？」のあとに，じっくりと相手の説明を聞く，あるいは「待つ」ということで次の展開は違ってきたのではないだろうかと自己分析ができている。また，沈黙や無言の言葉の裏に，友達の思いや感情が隠れていたことに気づくことができている。

　⑨の沈黙の裏に隠されている言葉，相手の言葉，表情や反応などが考えられている。一方的に「さぼっている」と判断されたこと「試験がやばい」，

当然わかっていることを言われたということで，言葉にならない拒否反応が生じていると考えることから，ここでは事実を確認すること，事実に基づいた自己評価ができていないとのアセスメントができている。

最後には困惑，混乱状態となり友達との距離が取れなくなっている。説明しにくい状況であれば，そのときに無理に話さずに次回の行動にまとめて，改善の方法を考えることができればよいのではとの指導を受けている。

このプロセスレコードでは，友達の気持ちや相手への配慮が重要である。配慮についての分析や，なぜ自分の思いと相手への言葉がずれていくのかなどの分析できて，プロセスレコードでは丁寧に記述することができている。友達や相手への配慮の必要性や，友達と自分の距離の取り方，自己理解や他者理解の分析ができ，コミュニケーション・スキルの学びになっていることが明らかになった事例である。

【結果5】 事例2：プロセスレコード「臨床実習で気になった場面」
①優しそうな人だなと感じて，透析している男性患者に声をかけたが，透析に関する情報や，患者に関する情報がないまま訪室しているため，何をどのように話してよいのかがわからず，戸惑っている事例である。

緊張して訪室の目的が曖昧なまま，自己紹介もなしに入室し，そのことに気づくのは後になったりする。よほど緊張したのであろう。お互いが相手の目的や状況を模索しながらぎこちない会話，雰囲気であることが丁寧に記述されている。また，相手の状況が理解できていないために曖昧な質問も多い。

第2章　コミュニケーション・スキルの習得

表7　事例2：プロセスレコード「臨床実習で気になった場面」

臨床実習で気になった場面		グループ名　A		B子　28歳
この場面を取った動機	人工透析を受けている患者さんとのコミュニケーションでうまく関われなかったから。			
相手のプロフィール	40歳代　男性　人工透析に来ている。			
相手(患者)の言動	私(学生)が感じたり考えたりしたこと	私(学生)の言動		分析・気づき・アセスメント
	初めての実習で緊張するな。優しそうな男性だな，声をかけてみよう。	①おはようございます。ご気分はいかがですか？		①緊張気味で挨拶をしている。自分の表情はどうだったか？【学生の不安が患者に伝わる】
声をかけられたときの表情は？【相手を観察した表情】	表情はどうでしたか？　緊張していたようですね。【自分の表情，積極的な行動，アセスメント】	一呼吸おいて…相手の言葉を待つ。そのときの相手の表情，アセスメントができています。		透析を受けている表情や苦痛。相手の気持ちはどうだったか？その時の表情は？患者の情報の収集は？すべて不十分なまま訪問した結果であると思う。
②あ。あ。おはよう。元気のない顔でジロッと見る。特に変わらんな…。⑤あ。あ。	③顔色悪いな。元気ないな。ちょっと不安だな。あれっ。声をかけてまずかったかな？⑥急に声をかけて迷惑だったかな…。【困惑・不安】⑧何を話していいのかわからない。緊張する！【混乱・困惑】	④あの…大丈夫ですか？【曖昧】「吐き気はないですか？」など具体的に聞くことが大事。⑦沈黙…………		③「顔色が悪いな」と思った時，何をアセスメントし，どのように声をかけてよいかわからない。透析の最中の患者の観察不十分。④患者さんの状況をアセスメントし，どのような状態なのかを調べて来なかった。
言葉の裏に何が？		なぜ，沈黙になった？　相手の情報不足があるのでは？		⑦どうして沈黙になってしまう？【情報不足，患者への理解不足】
不思議そうな顔で白衣のネームを見る。⑨あんたは看護学生？	あっ。自己紹介していなかった！⑩否定しなくては…。【余裕がなくなっている】	⑪いいえ，違います。⑫養護教諭…保健室の先生になりたいと思っています。【相手に伝わる説明ができていない】		何を目的に訪問しましたか？　相手のことを理解するには，情報不足でしたね。

37

⑬そうか…。(退屈そうな表情)	⑭話が続かない…。⑯無理に聴き出すことはないし…⑰自分のことを少し話そうか…⑱どうしてよいかわからん。この場から逃げたい…	⑮…。(沈黙)⑲あの…すみません。失礼します。【退室する。逃避】	⑫の質問に対して，答えは⑬のように言ってしまう。⑮の無言や戸惑いは学生の動揺が伝わってしいる。余裕が必要結局は逃げ出してしまった。相手の表情も確認できない。余裕もなかった。次の訪問が行きにくい。
	⑳…(確認できなかった)		
この場面で学んだこと	・コミュニケーションが苦手であり，最初から緊張して表情も硬かったと思う。アセスメントが重要であった。 ・患者さんの情報，アセスメントが不十分なまま訪室した結果，途中で逃げ出す結果となった。		
指導者・評価	患者理解でとても重要な点に気が付いています。相手の情報をどれだけ把握していたか。訪問する前の情報収集が不十分。 他者理解には自己紹介し，自分が何をしに来ているのかを明確にすること，自己開示が大事であるという場面でした。 他者理解のために，相手のことをどれだけ知っておくかが重要である。多くの学びがあり，自己分析ができています。		

3. 考　察

　段階的なコミュニケーション・ケアの習得について，模擬カウンセリングやプロセスレコードの導入を行った。この結果から，学生のコミュニケーションの特徴と有効性について考察し検証する。

(1) 学生のコミュニケーションの特徴
　第1段階，弟2段階での模擬カウンセリングの結果から，コミュニケーション技術は段階的に向上しているが，介入前のコミュニケーション技術の未熟さがあった。第1回の演習では何を話してよいかがわからず戸惑いが多く見られた。また，第3段階の日常生活での「気になる場面」のプロセスレコードでは「気になる場面」の対象がほとんど友達関係であった。つまり学生の人間関係の中心は友達関係であること，また学生のコミュニケーション技術はそれほど豊かではなく「励まし」や「閉鎖的質問」が中心に行われ，友

達との人間関係に気を遣っていることが一つの特徴として明らかとなった。

(2) 模擬カウンセリングの有効性

　第1段階と第2段階での模擬カウンセリングでのロール・プレイングは，学生同士が「カウンセラー役」と「クライエント役」になることで，両者の役を交互に体験でき，相手の気持ちを感じとることができるということで，両者の立場を理解するには有効であった。

　リフレクション・シートへの意見には，体験してみて初めて相手の気持ちを知ることができたとの記述があり，より効果的な体験ができていたと考えられる。特に，技術では「共有」や「受容」という学生にとっては講義だけでは理解できないものが，言葉だけではなく模擬カウンセリングの役割分担で体験して理解できている。そのことで相手への観察，思いやり，自分の言動がどのように相手に影響を与えているかについて，模擬カウンセリングで学ぶことができていると考える。学生同士がカウンセラー役とクライエント役となり体験のなかで自己覚知し，また他の学生の答えと自分の答えを比較検討することで他者理解が深まったと考える。

　この模擬カウンセリングは講義と演習の組み合わせから，次の段階である第3，第4段階で行うプロセスレコード導入の契機や，準備段階として重要な学習段階となり，学生にとってはコミュニケーション・スキルの習得を無理なく進めることができるステップになったと考える。

(3) コミュニケーション・スキルの学習効果の有効性

　コミュニケーション・スキルの「うなずく」，「励ます」，「受容」，などは，ロール・プレイングの演習を繰り返すことで，学生は段階的に使えるようになった。しかし，コミュニケーション・スキルの説明やロール・プレイングを実施しても「言い換える」，「繰り返す」，「言語化」，「明確化」は，そう簡単には理解できていないことが明らかとなった。特に，元来「言語化」や「明確化」は文章表現，言葉の表現力が弱体化していることもあり，コミュニケーションとしては表現が難しく，今後，感性や表現力の向上が必要であ

ると考える。

(4) 第3段階でのプロセスレコード分析の練習についての有効性

第1場面の友達関係場面でも明らかなように，「臨床実習」で患者と実習生とのプロセスレコードを一気に記入するのではなく，学生にとってはもっと身近な「気になる場面」を取りあげて記入することで，プロセスレコードの書き方や目的が明確になったと考える。特に第1場面のような友達関係の場面では，多くの学生がよく似た場面を取りあげ記述の方法や分析を学んでいる。身近な場面であることから，そのときの状況や自分の言動を思い起こしながらより詳細に記述できるようになってきた。このことを繰り返すことで，プロセスレコードの記述方法を十分に理解できることから，「臨床実習」の事前指導として日常生活における「気になる場面」の記述と分析は効果的であったと考える。

特に学生でありながら「相手の立場に配慮ができない」「相手の言葉に反射的に反応する」「相手との適切な距離が取れない」「相手が見えなくなる」「観察が不十分である」「自己中心的な判断」「自分の価値観を押しつけている」「命令・強制」「共感ができない」「確認をとる行動」など多くの分析ができていた。この1場面からではあるが，プロセスレコードに丁寧に記述し分析を行い，自己洞察することでコミュニケーション能力のレベルアップに繋がっていることが明らかとなった。

(5) 臨床実習でのアセスメントの重要性

第2場面の「臨床実習」のプロセスレコードでは，アセスメントが重要であることが理解できた事例であった。学生は緊張しながら訪室するが，何を話したらよいかわからない。どのように答えたらよいかがわからないと困惑，戸惑い，不安を訴える。この事例では正に相手のことについてどれだけ理解しようと努力してきたかが重要となっていた。患者の状態，腎臓透析の状況や現在の病状について理解していなければ，コミュニケーションは難しいということは当然である。学生でありながら，このことが充分に理解で

き，分析できた場面である。指導者からの丁寧なコメントをいただき，書き直しの指導を受けているなど指導者にも恵まれていた。どのような指導を行うかによっても学生の「気づき」は違ってくるものである。

アセスメントが不足し患者が理解できない，質問や声をかけることができない，自己紹介の大切さなど，コミュニケーションとしては基本の大切さを学ぶことができた事例であった。学生はそのプロセスを丁寧に記述し分析している。この分析結果は，段階的なコミュニケーション・スキルの習得が成果を得た事例であったと考える。

以上のプロセスレコードの分析と考察から，段階的なコミュニケーション・スキルの習得は，学生にとって無理なく理解でき，「臨床実習」の記録にも有効であることが示唆された。

ただし，本研究の対象である20名の学生，すべての学生がこの事例のようにプロセスレコードを記述し分析できているとはいえない。なかなか難しい学生も多く全体がここまで到達はしていない。この段階に至らない学生に対しては，相手への配慮を高めることや学生が正当な自己評価ができるように，そして相手への思いやり，他者理解や自己理解の必要性に気づくように教育していくことが重要であると考える。

4．結　　論

本研究において各段階での考察の結果，以下のような結論を導き出した。
① 自己の行動を振り返るのは，模擬カウンセリング，ロール・プレイング，プロセスレコードなどの組み合わせが効果的であった。また，それらの相互作用で，学生への理解度は高まった。
② プロセスレコードを記述することで，自己分析ができ，自分のコミュニケーションの傾向が明らかとなった。
③ 自己洞察が難しい学生にも，ロール・プレイングで，体験することから理解しやすくなっている。
④ 段階的なスキルアップを図ることで，「臨床実習」におけるプロセスレ

コードの書き方や，場面設定，記述の仕方，分析が容易になった。

以上のように本章では，「看護学Ⅰ」と「臨床実習」におけるコミュニケーション・スキル習得の段階的習得の一方法を明らかにした。

おわりに

本章は「教育実習」や「臨床実習」で必要となる学生のコミュニケーション能力の向上に視点をおいてまとめた。その結果今回の研究の成果から，例年のコミュニケーション・スキルよりは，レベルアップしたと考える。実習記録も充実していた。対象とした学生が今後，段階的な学習を積み重ねること，社会人となりさらなるコミュニケーション・スキルを活かしていくことを期待している。

今回は学生を対象としたが，学生を指導，教育する教員や家族のコミュニケーション能力も今後の課題であると考える。

また，本研究では対象が20名であること，学生のコミュニケーション能力の差が大きいことで，すべての学生のコミュニケーション能力の向上が認められたとは言いがたいことから一般化には限界がある。今後，さらなる研鑽の積み重ねが必要である。

謝辞：臨床実習においてプロセスレコードをご指導いただきました指導者の皆様，ありがとうございました。

注

1 プロセスレコードとは，主に看護教育の分野で用いられてきた相互作用分野の手法である。相互作用を再構成する記録様式である。看護実践における指導の実例は，長谷川・白波瀬（2001）。
2 本短大では，養護教諭2種免許状取得のために，1年次2月末に臨床実習として病院での看護実習を実施している。
3 看護学Ⅰ：養護教諭2種免許状取得の専門科目として看護系の科目がある。看護に関する基礎的看護技術として，コミュニケーションに関する講義がある。言語的コミュニケーション，非言語的コミュニケーション，カウンセリングの導入に関する知識と演習を行っている。

第2章　コミュニケーション・スキルの習得

資料1　カウンセラーのコーチング術

1．聞くことの効果
①「自分はこの人に受け止められている」安心感が生まれる ②しっかりと聞かれた体験は「自分の話には価値がある」という自信になる ③その自信が「自分には存在感がある」という自己肯定感につながる ④自分が何を感じているのか，思っているのかがはっきりする ⑤新しいアイデアがひらめいたりバラバラだったイメージが統合されていく ⑥カタルシス効果（内面の浄化作用）があり気持ちが軽くなる ⑦話を聞いてもらった人は相手の話を聞くことができる
2．人の話をなぜ聴けないか
①時間がないと思っていないか？ ②勝ち負けにこだわっていないか？ ③ストレスがたまっていないか？　高いほど批判的になる ④自分が満杯になっていないか？　満杯だと他人の話は聞けない ⑤黙って最後まで話を聞いてくれる人はいないか？
3．相手のシャッターを開けるスキル
①説得では相手のシャッターは開かない ②相手の身構えを解く 　・声の大きさ・速さ・視線・姿勢・共通点などでラポールをつくる 　・声以外のメッセージ ③相手が話しているときは作業の手をとめているか ④相手の方を見て聴いているか ⑤腕組みや足組みをしないで聴いているか ⑥相手が伝えたい内容だけではなく相手の気持ちを受け入れているか ⑦自分の声の大きさ・速さ・トーン・表情や身振りにも意識を向けているか ⑧相手の話したことの内容だけではなくその時に相手の表情声まではっきりと思い出せるか
4．相手の話を引き出すスキル
①沈黙は話題を深める。沈黙の間，自分から口を開いたり資料や外に気をそらさずにいられるか ② But ではなく，And の接続詞を使う ③ Why を使うと「いいわけ」陳謝になりやすい ④ Why 以外の4W1Hを使って相手の問題点を明確にする ⑤一般化，正論では話を引き出さない ⑥苦手なモードの話でも聴いていられるか

出所：市毛恵子『カウンセラーのコーチング術』より一部抜粋作成

資料2 コミュニケーション・スキルの分類

技　法	技 法 の 説 明
閉鎖的な質問	・特定の情報が欲しいときにする質問。 ・非個別的な性質のもので，非常に短い答えを求めるものである。 ・特定の話題に関する話し合いをそれで終わりにしてしまうような簡単な答えを求めている。 ・質問された人は，自分自身のことについては，ほとんど明らかにしないことが多い。
開放的な質問	・できるだけ詳しく答えることを奨励するもの。 ・相手が体験したことについての質問者側の関心を意味している。 ・質問は，相手に一般に個人的な情報を明らかにすることを求めるものである。 ・「なぜ」「どのように」などの言葉で始められることが多い。
誘導的な質問	・質問者の期待している答えを求めている。 ・その人にとって，ある価値判断に自分自身をゆだねるように求めることがある。
相違の明確化	・まったく同じような状況というものは，この世にふたつとないことを相手が認識できるように助ける方法である。 ・相手に以前の体験およびその体験と現在の状況または提案との関連について，よりはっきりと客観的に考えさせることができる。
不意一致の明確化	・不一致に気づき，それに注意を向けさせることを意味している。 ・患者の行動の中にある不一致を彼に気づかせることができ，このようにして患者を苦しめていた問題を自分から打ち明けさせることができるだろう。
類似点の明確化	・相手が今直面しているのと「同じような，否定的なあるいは肯定的な体験を思い起こさせ，それらの体験を現在の問題と関連づけられるように助けるために用いる。 ・このような体験を意識することによって，人は新しい問題によりうまく対処でき，そして，それらへの解決策を見出すことができる。
誘　導	・相手に話を続けさせるように励ます。 ・関心をよせ，それを受け止め，その人を支持しているということをその人に知らせるものである。 ・うなずいたり，首を振ったり，驚いてみせたり，適切なときに微笑んだり，あるいは相手に触れたりする。
共　有	・相手が言ったことや行ったことについて，観察したりできたことをその人と共有する。
内容の言い換え	・相手が言ったことを，自分の言葉で言い換える。 ・その人の言ったことの意味を明確化し，自分の理解したこと，確認したいということを，相手に気づかせる。
内容の要約	・会話をしめくくる一つの方法である。 ・相手に覚えていてほしい特定のポイントをまとめることである。 ・話されたことを明確化し，その重要な側面を相手の心にとどめておくのに役立つ。
言語化	・相手がヒントを与えてくれてはいるが，はっきり表現していない概念や仮定を明確にし，言葉にする方法。

第 2 章　コミュニケーション・スキルの習得

参考文献

細野喜美子，1982，「臨床実習における指導上のポイント」『千葉大学看護学部紀要』Vol. 4
市毛恵子，2004，『カウンセラーのコーチング術』PHP 研究所，pp. 32-70
逸見英枝他，2008，「看護学生の事例研究への取組の意味――A 短期大学看護学科における事例研究の内容の分析から」『新見国立短期大学紀要』29 巻，pp. 115-120
長谷川雅美・白波瀬裕美編著，2001，『自己理解・対象理解を深めるプロセスレコード』日総研出版
大池美也子・鬼村和子・村田節子，2000，「初回基礎看護実習におけるプロセスレコードの分析――コミュニケーションのつまずき場面に焦点をあてて」『九州大学医療技術短期大学部紀要』27 号，pp. 9-14
Orland, I. J., 1961, *The Dynamic Nurse-patient. Relationship function, Process and Principle*, G. P. Putnam's Sons.（稲田八重子訳，1964，『看護の探求――ダイナミックな人間関係をもとにした方法』メヂカルフレンド社，p. 62）
小野晴子，2007，「精神看護学実習における学生――患者間の「距離」に関する研究」『新見公立短期大学紀要』28 巻，pp. 7-13
徳永基与子他，2009，「基礎看護実習における臨床実習指導のあり方――基礎看護実習での指導過程を分析して」『京都市立看護短大紀要』34 号，pp. 65-74
Peplau, H. E., 1952, *Interpersonal Relations in Nursing: A Conceptual Frame of Reference for Psychodynamic Nursing*, G. P. Putnam's Sons.（稲田八重子ほか訳，1973，『人間関係の看護論』医学書院，pp. 15-16）
山本勝則・吉田一子・内海滉，2004，「看護場面における他者理解と自己理解との関連」熊本保健科学大学『保健科学研究誌』1 号，pp. 27-33
Wiedenbach, E., 1964, *Clinical Nursing: A Helping Art*, Springer Publishing Company.（都留伸子訳，1972，『臨床看護の本質――看護学生の技術』現代社，p. 160）

第3章

ライフヒストリー研究と他者理解
――信仰者とのコミュニケーション――

寺田喜朗

　調査研究は，コミュニケーション抜きには遂行し得ない。被調査者に対して，あるいは調査チームの内部や補助者を含めた外部機関に対して，円滑かつ密接なコミュニケーションを取り結ぶことが，よりよい調査研究を達成する要件となる。しかしながら，調査研究の具体的な場面に焦点を当てた時，インタラクティヴなコミュニケーションと研究成果の対応関係は，十分に検討されてきたとは言い難いように思われる。

　社会科学の分野で，コミュニケーションを活用した調査研究の手法としてまず思い浮かぶのはライフヒストリー・アプローチであろう。被調査者の体験や記憶している歴史的事件を記録し，作品化する実践において，密度の濃いコミュニケーションを重ねることは不可欠な手続きだと考えられる。

　筆者の専門である宗教研究の領域において，ライフヒストリー・アプローチは，教祖研究で実践されてきた。各教団・宗派の教祖・宗祖の個人史が，宗教運動の発生を決定づけ，フォロワー（信者）たちの人生と形成される宗教集団の性格に多大な影響を与えることは多くの研究で照査されている[1]。

　近年は，宗教社会学の立場から多くのライフヒストリー研究が提出されている[2]。そこでは，教祖，中間指導者，あるいは末端信者であっても，宗教がどのように意味ある現実として思念され，どのように思考・態度・行為を規定し，その了解が再生産されているのか，といった関心に即して研究が進められている。依然，運動論や組織論などの研究成果と比べて決して多いと

はいえないが，調査研究に基づく実証的な知見が蓄積され，また，その中からいくつかの課題群も浮上してきたように思われる。

1. ライフヒストリーの可変性と資料的価値

　ライフヒストリー研究は，1–1 文献資料から対象に接近するやり方と，2–1 口述資料によって対象に接近するやり方とに大別される。その中間に1–2 文献資料を口述で補う，あるいは，2–2 口述資料を文献で補う，というやり方が存在する。これまで多くの成果が提出されてきた教祖研究は，ほぼ1–1, 1–2のやり方に依っている。教祖自身あるいは関係者によって記された文献資料を渉猟し，資料批判を経て分析・解釈が加えられる。他方，フォロワーを対象とした研究においては，教団刊行物に掲載された体験記を資料とする1–1の経路と，インタビュー・データに大きく依拠する2–1，あるいは2–2のやり方とに分岐が見られる。

　筆者の実践は，上記の2–2に該当する。インタビューにおいて語られた主観的現実と，文献資料によって照合される社会的・歴史的現実とを総合する形で具体的個人の経験世界に接近し，ライフヒストリー作品を編んでいる。こういったアプローチは，この領域において標準的な実践であり，決して特異なものではない。

　しかしながら特定個人の語りを主たるデータとして研究を進めるやり方に対しては，いくつかの批判が想定される。思いつくまま列挙しても，①語り手の実際の体験（Erlebnis＝lived experience）と，想起された体験（Erfahrung＝経験 experience）の差異の問題[3]，②語り手の実際の体験，あるいは想起された体験（＝経験）と，語られる経験（experience as told）の差異の問題[4]，③語り手の言語的資源，あるいは会話能力による，経験の表現上の制約の問題[5]，④語り手と聞き手の関係性（権力性）に付随する語りの主題の被規定性の問題[6]等が挙げられよう。なお，このような批判が浮上する背景には，語られる内容が変化していく側面，つまり，語りの可変性をどう評価するか，という問題が介在している。換言すれば，記された時点において確定

し，固定化される不変的存在としての文字資料と，語られる時点でのみ存在し，幾通りにでも語られうるヴァリエーションを内包する可変的存在としての語りを，等価に歴史的現実を表象する資料として取り扱うことが可能か，という問題である。文字資料は，テキストという地平において他のテキストと比較・検討され，そのデータとしての信頼性（reliability＝同じような結果が得られる程度）は保証される。しかし，語りに関しては，その信頼性はいかに保証されるのか。この問いはあまり主題化されていないように思われるが，回心，神秘体験，あるいは超常現象にまつわる語りを研究の対象とする宗教研究においては極めて重要な意味をもっている。

　質的調査における信頼性に関しては，カークとミラーが，ドンキホーテ的（quixotic）信頼性，共時的（synchronic）信頼性，通時的（diachronic）信頼性という三つの基準を提出している[7]。ドンキホーテ的信頼性とは，ある方法によってまったく同じデータがいつでも得られるか，共時的信頼性とは，異なったデータ収集のツールを用いた場合に測定や観察の結果が一貫しているか，通時的信頼性とは，ある現象の測定結果や観察が時間経過の中で安定しているか，を指している[8]。カークとミラーは，質的調査の実践においてドンキホーテ的信頼性を適用することは非現実的だと論じているが，実際には，共時的・通時的信頼性の基準が満たされないケースも往々にして存在することを指摘している。かれらは，フィールドノートの標準化と公表化によるデータの監査を一つの回答とする議論を提出している[9]。

　ナラティヴ・データの処理法に議論を特化すると，とりあえず二つの回答が用意されている。一つは，一回起的な語りに照準を定め，そこにおける語られ方を積極的に主題化し，リアリティの認知様式をインタビューの場（相互行為）の構築物として独自の対象に措定する方法，いわばライフヒストリー研究の目的を転回させるやり方でその意義を定置する回答である。これを桜井厚は「対話的構築主義」の立場に立つライフストーリー・アプローチと呼び，従来の実証主義の立場に対置させている[10]。他方は，数々の語りのヴァリエーションと可変性を考慮に入れつつ，息の長い調査の中から相対的に不変な内容を抽出し，そこに一定の資料的価値を確定していこうとする，

従来型の実証的思惟を補強する回答である[11]。

本論は，後者の立場に立って，その手続き論的な議論を展開するものである。ライフヒストリーは，事実的領域に関する語りと意味的領域に関する語りを統合して編み出される。筆者は，文献資料と口述資料にはそれぞれ特有の価値が存在すると考えており，また，息の長い調査を行い，聞き取りを繰り返す研究実践には重要な意味があると考えている。

本論は，インタビューの場における語りのヴァリエーションとその解釈の妥当性をめぐって，単独のインタビューと複数名が同席した場における会話の内容の差異の問題に焦点を当て，口述生活史の資料論に考察を加えることを目的とする[12]。語る相手によって語られる内容が変化するのであれば，作品化されたライフヒストリーの信頼性は，どのように保証することが可能であるのか，この問題を論じていきたい。

2．ライフヒストリーとインタビューの状況

筆者は，日本の新宗教である「生長の家」の台湾支部（中華民國生長之家傳道協會）について研究を進めてきた。その成果は，『旧植民地における日系新宗教の受容──台湾生長の家のモノグラフ』をはじめとした作品群にまとめているが[13]，今回は，すでに公表した作品群の中で取り上げた王恵美さんという人物のライフヒストリーをメタ的な視点から再検討していくことにしたい。

(1) 被調査者のライフヒストリー

王恵美さんは，現在の台湾支部の中核的な布教者であり，かつ，台湾において生長の家の伝道活動を開始し，支部結成に最も貢献した人物の娘である。なお，台湾は，約半世紀に及ぶ日本統治から解放された後，国民党に領有されている。二二八事件をはじめとした動乱（弾圧）を経た後，1949〜1987年には戒厳令が布告され，この期間，集会・結社・信教の自由はなく，日系宗教の活動も厳しく禁圧されていた。生長の家の初期の伝道者たちは，

第3章　ライフヒストリー研究と他者理解

非合法下の地下活動の形でも信仰を維持し，支部を発足させた。

　王恵美さんは，台湾支部（伝道協会）の活動に参加したのが他の中核的な指導者たちと比べると相対的に遅い人物である。また，体験発表の場で自らの半生を語ったことがないため，支部の間では，どのような人生を歩んできたのか，知られていない人物であった。彼女は，卓越した教義理解力と絶妙な解説力・指導力を誇り，周囲からは，教団の歴史に最も詳しい人物と目されていた。

　筆者が王恵美さんへのインタビューに臨んだ当初の関心は，〈1〉何故，日本の植民統治を受けた台湾人の一人である被調査者が生長の家の教えを受容したのか，〈2〉教えを極めて熱心に，全面的に受容するに至った動機はいかなるものであったか，〈3〉被調査者が長らく支部の活動に参加しなかったのはなぜか，また，唐突に活動に合流し，その後，極めて精力的に伝道活動に奔走したのはなぜか，というものであった。

　ライフヒストリー・インタビューの結果，──〈1〉については──王恵美さんは，日本敗戦まで日本語しか解せず（思考言語，使用言語共に日本語），学校でも日本人に囲まれ（台湾人が通う「公学校」ではなく，在留邦人が通う「小学校」に通っていた），家庭においても国語家庭（総督府から認められる日本語を常用する模範家庭，王家は改姓名によって松岡姓を名乗っていた）に指定され，日本人として一生を過ごすことに一片の疑念を抱かない，「自分は日本人」という明確な自我を有していたことを知り得た。つまり，被調査者にとって，生長の家は，自文化／台湾ではない異文化／日本の宗教ではなく，自文化／日本のそれであったことが判明した。そして，──〈2〉については──そうであったが故に，戦後，台湾が国民党に領有され，強権政治の下，日本の影響は排除され，「中国化」が推し進められたことによって，社会・文化・道徳規範は激変し，彼女にとって所与の意味的秩序は瓦解することになった。名前が変わり，言葉は通じず，「自分を知っている人間」は消失し（内地に引揚げた），「自分が低くみていたところに自分が入った」状況に陥った。日本人としての自我は危機的状況に陥るが，その自我を防衛し，自己像の否定された世界において自身と世界に新たな意味を付与する作

用をもったのが,「心は全ての造り主」「物質はない」「汝ら悪夢を観ることなかれ」という教えを説く生長の家の教理であった。世界から否認され,承認されない自己像を抱く彼女に対して,生長の家のテキスト世界は,意味の地平を再措定し,絶望的な現実から認識論的レベルでの離脱を可能にする効果を有していた。以上の被調査者の実存的な危機が,全面的に生長の家の教理体系を受容する内的動機として作用したことが判明した。——〈3〉については——しかし,この教理受容は,極めて内向的で自己完結的な自利のレベルに留まるものであった。身体的次元において,世界からの超脱は不可能であり,認識論的レベルでの教理受容は,利他的な伝道活動への起動力には接続しない。人間不信の状態にあり,長らく自閉的な生活を送っていた彼女が支部の活動に参加したのは,父親の勧めによっており,自発的な動機によるものではなかった。被調査者は父親の死後,一種の神秘体験を経て自身の使命を自覚するに至る。そして,「親への感謝」という実践命題を反省的に捉え返すことで支部の中核的な布教者へと自己陶冶を遂げていたのであった。

 以上の物語的枠組みで,筆者は,王恵美さんのライフヒストリーを作品化した。

(2) インタビューの状況と語られたエピソード

 続いて2004年8月までの調査の日程,単独調査か否か,どのようなエピソードが語られたか,を記したい(表1)。なお,筆者のフィールドワークにおいて,単独調査以外にインタビューに同席したのは,A 台湾支部の関係者(台湾人),B 支部関係者以外の被調査者の友人(女学校時代の同級生・台湾人),C 筆者の知人・友人(日本人)の三者に大別される。また,語られた内容は,1 家庭・家族に関する内容,2 学校生活に関する内容,3 居住地域(基隆・台北)に関する内容,4 自分の身の回りに起こった数々の出来事(改姓名・国語家庭・開戦・終戦・転校・不登校)に関する内容,5 読んだ本(雑誌・文学作品など)に関する内容,6 生長の家の教えに関する内容,7 台湾における生長の家の歴史に関する内容,8 支部の内部事情(近年の現状など)に関する内容,9 他宗教,あるいは台湾の文

第 3 章　ライフヒストリー研究と他者理解

表 1　調査時の状況と語られたエピソード

	調査時の状況	語られたエピソード／時間／場所／録音（有　断片　無）
1996 9/3-10/3		対象者の周辺の人々から情報を得る。面会の機会なし。
1997 3/14	（A→）単独	1 2 3 4 (6) 6 7 11 12　約 7 時間　教室にて　断片（半分）
3/21	（A→）単独	1 2 3 4 (6) 6 7 11 12　約 3 時間　調査ノートの添削　教室にて　断片
3/25	単独	2 3 4 5 6 7 8 9 11　約 3 時間　添削続　教室にて　断片
3/28	C	6 11 12　約 3 時間　教室→レストラン　断片
4/4	（AB →）単独	2 (6) 6 7 8 9 11　約 3 時間　教室→レストラン　無
4/7	単独	6 7 8 12　約 1 時間　教室にて　無
8/29	単独	1 2 3 4 5 6 7 8 9 11 12　約 2 時間　調査ノートの添削　教室にて有
9/5	C	6 11　約 2 時間　レストランにて　断片
1998 1/12	電話	4 7　約 20 分　無
		修士論文「台湾における生長の家布教者の研究」提出
7/26	C	6 9 11　約 1 時間　教室にて　無
8/2	単独	1 4 6 7 9　約 3 時間　教室→蔡家宗親会へ同行→レストラン　無
1999		「台湾における日本新宗教信仰者のライフヒストリー」投稿
9/26	単独	5 6 7 11 12　約 3 時間　教室→レストラン　無
10/3	単独	6 9 10 11　約 2 時間　教室→レストラン　無
		帰国後、論文の加筆・修正
2000 8/19-28		面会の機会なし。
2001 8/22	単独（→C）	(1) 6 (6) 8 10 (11) (12)　約 3 時間　教室→レストラン　無
8/24	ABC	6 8 11　約 2 時間　レストランにて　無
8/29	電話	8　約 20 分　無
2002 3/22	（単独→）C	(5) 6 (8) 10 11　約 3 時間　教室→レストラン　無
3/29	単独	1 6 7 8 10　約 1 時間　教室にて　無
2003 8/1	単独	6 8 10 11　約 1 時間　教室にて　無
8/2	C	6 10 11　約 2 時間　レストランにて　無
8/8	B（→単独）	(1) (2) 2 (4) 6 (8) (9) 10　約 2 時間　教室→世界紅卍字会　無
2004 5/7	（A→）単独	(6) 6 7 (8) 8 9 10 11　約 3 時間　教室→レストラン　有
5/14	（A→）単独	1 (3) (6) 6 7 (8) 8 9 10 11 12　約 2 時間　教室→レストラン　無
7/29	B	2 5 6 9 10 11 12　約 3 時間　教室→レストラン　有
8/3	B（→単独）	2 (2) 6 (7 8) 9 10 11 12　約 1 時間半　レストラン→教室　有
8/26	単独	1 6 9　約 3 時間　マカイ病院→レストラン→教室　無

A：伝道協会の関係者
B：教団関係者以外の友人
C：筆者の知人・友人

1：家庭・家族に関する内容
2：学校生活に関する内容
3：居住地域に関する内容
4：自分の身の回りに起こった出来事
5：読んだ本に関する内容
6：生長の家の教えに関する内容

7：台湾における生長の家の歴史
8：伝道協会の内部事情に関する内容
9：他宗教、あるいは文化に関する内容
10：政治・選挙に関する内容
11：台湾の歴史に関する内容
12：日本に関する内容

53

化（祖先祭祀，寺廟信仰，キリスト教，伝統仏教，世界紅卍字会，一貫道など）に関する内容，10 台湾の政治・選挙（民進党と国民党）に関する内容，11 台湾の歴史（戦前・戦中の様子・終戦当時の様子・国民党軍来台の状況・二二八事件・白色テロ・戒厳令・民主化・選挙など）に関する内容，12 かつて統治を受けていた日本に関する内容（対日感情，天皇や戦後の日本人についての所感など）と様々な範囲に及んでいた。

　表1を一瞥するとわかるとおり，繰り返される調査の過程において，インタビューの場では様々なトピックが語られている。なお，調査のプロセスにおいて特記すべきは，(1)すべて日本語で行われていること，(2) 1回目の調査の途中でテープ切れにより録音は中断し，その後は，インタビュイーの希望により多くの調査において録音を見送ったこと，(3)調査者は並行して他のインフォーマントへ聞き取りを行っており，その事情をインタビュイーも了解していること，(4)調査の過程で調査者自らの意見や疑問を積極的にインタビュイーに話していること，(5)調査者が記した調査ノート（ライフヒストリーの草稿）を手渡し，添削する作業を経ていること，(6)被調査者のライフヒストリーはこれまで誰にも語られたことがなく，インタビュイーが自分の人生（思い）を理解していると考えているのは調査者以外には父親のみだと捉えていたこと，の6点である。

(3) 同席者と浮上する対他的アイデンティティ

　上記のトピックの内，1から5に関する内容を［①生活史に関するエピソード］，6は［②教団人としてのエピソード］，7と8に関する内容は［③教団についてのエピソード］，9から12は［④大状況に関するエピソード］と分類すると，被調査者の語りの中には一定の傾向性があることが看取される。

　日本人である筆者の友人・知人が同席した際に語られるのは，ほとんどが［④大状況に関するエピソード］であり，省籍や世代が異なる人間も含まれる台湾支部関係者と同席した際に語られるのは［③教団についてのエピソード］である。同じ出生コーホートで同学歴階層に属する女学校時代の友人と

第3章　ライフヒストリー研究と他者理解

同席している際に語られるのは，[①生活史]の内の[2 学校生活に関するエピソード]と，[④大状況]の内の[10 政治・選挙に関するエピソード]が主たるものである。[①生活史に関するエピソード]がその全容をもって語られるのは，筆者が単独でインタビューを行っている場のみである。なお，長期にわたるインタビューの中で，同席者に関わらず一貫して語られるのは，[②教団人としてのエピソード]である。

以上の語られたエピソードは，聞き手の知識と理解力を想定して選択的に紡がれていることを推察することができる。複数名と対面しているときは，了解されることが想定される範囲内で語られる内容は選択されている。単独のインタビューにおいても，台湾の文化や近現代史，教団，台湾支部への調査者の知識・情報が深まるにつれて，語られる内容は，より詳細なものに変化していった。そして，対面する相手と語られる内容との対応関係のもと，状況的に対他的アイデンティティ[14]が浮上している様相を観察することが可能であった。

日本人（C）と同席した際には，〈Ⅰ 台湾の近現代史の証言者としての台湾人アイデンティティ〉が浮上し，女学校時代の友人（B）と同席した際は——会話の中では選挙や学生時代の思い出等に関する話題が度々登場するが——〈Ⅱ 生長の家の信者としての信仰者アイデンティティ〉が浮上する。支部関係者（A）と同席した際は，〈Ⅲ 教団史の証言者であり，教団活動の苦言者としての教団人アイデンティティ〉が前面に浮上する。筆者との単独インタビューの際には，〈Ⅳ 日本人としての自我の持ち主としての日本人アイデンティティ〉が浮上する。

また，支部関係者の前で過去の教団史の詳細や，台湾の歴史・政治，日本人意識の内容は語られない（ⅠⅣのアイデンティティは浮上しない）。友人の前では前半生（台北への転校以前）に形成された〈Ⅳ 日本人アイデンティティ〉は浮上しない。筆者以外の日本人の前では教団史の証言者としての〈Ⅲ 教団人アイデンティティ〉は浮上しない関係がある[15]。

(4) 他のインフォーマントの語りとの異同と採用される主語

彼女の語りには，他のインフォーマントと相同する内容と，相違する内容とが見られる。単独のインタビューにおいて，近現代史の証言者として語られたエピソードを具体的に見ていきたい。(以下，OE＝王恵美さん)

OE：台湾人の気持ちは複雑なんですよ。清から日本，その次，国民党って。
　…略…（日本の敗戦後，台湾が中華民国領となり）はじめは祖国に帰るという気持ちがあった。けど，ところがそうじゃなかった。大陸から来た人たちはとにかくメチャクチャなんですよ。女の子はいじめるし，物は盗るし。田舎の方でも米，農家の人から取り上げる。略奪するんですよ。
　日本と中国違うって（台湾人は了解した）。日本時代の軍隊は規律があって人民を守るんですよ。それが大陸から来たのは殺す，盗る。そこで二二八（事件）が起こったんですよ。そこで台湾人は騙される。陳儀ね。
筆者：はい。
OE：台湾人の代表が要求出して……，会議に出ると，行ったら虐殺される。そのとき（白色テロも含めて）知識分子は虐殺・殺害されてるんですよ。もう……。日本やアメリカに逃げられる人は逃げたわけですが……。
　これは恨みとか憎しみよりね，悲しい……。悲しいというか，恨みとか，憎しみとか，そういうのではないんですよ。悲しいことなんですよ。
　なぜ，世界中の人が台湾の気持ちをわかってくれないのか。私はね，日本にも責任があると思うんですよ。今頃（最近），何故，大陸との通商目的かなんか知らないけど，大陸，大陸，と，言うこと聴いて……。最近でしょ。（大陸寄りの意見が強くなってきたのが）。台湾人は，自分たちで自分たちの国を創りたい，その気持ちどうしてわかってくれないのか。

(2004年5月7日，レストラン，単独)

以上の歴史に関する語りは，他の日本人が同席したときにも同様の内容が語られ，他の同世代のインフォーマントが語る内容とも相同したものである。ここで浮上しているのは〈Ⅰ　近現代史の証言者としての台湾人アイ

デンティティ〉である。しかし，悲しい歴史に翻弄された台湾人の一人として，同郷・同世代人の心情を代弁する語りが紡がれる一方，同世代・同学歴階層の人間が同席する場では，台湾人アイデンティティは相対化され，距離を取った語りが紡がれる。女学校時代の同級生が同席したケースでは，以下のように語りは紡がれる。

OE：結局ね，どうなってたのかわからない，ということですよ。もしアメリカがあのとき台湾占領して戦争が終わっとったら，今頃，台湾はアメリカかもわからんし……

A：けど，あのとき中国に……

OE：何言ってるのよ，日本は中国にあげるとは一言も言ってない。「占領を放棄する」とね。
　　だから台湾はアメリカが上陸しとったらアメリカの一つの州になってたかもわからない。結局，どうなっていたのかわからない。よかったか，悪かったか。

A：だけど，昔の台湾人は中国から渡ってきたわけでしょ……

OE：だからといって（台湾が）中華民国のものになるというのはおかしいでしょ。

A：（惚けた表情）

OE：だって，シンガポールやマレーシア見てみなさいよ。あれが，独立した一つの国になっとって台湾が独立した国になれないって……

A：あ，そうか。あそこもたくさん中国人行っとるわけだし……

OE：だから，あなたの言ってることおかしいのよ。一言も中華民国にあげるって言ってないわけでしょ，日本は。結局，蒋介石は毛沢東に追われてやってきたわけでしょ。ま，なぜ，首都が未だに南京になってるのか。おかしいんですよ。

筆者：……やはり，憲法改正するって言うと大陸の反発を招くという，そういう危惧っていうか，問題があるわけですよね。

OE：ぜんぜん問題じゃない。ぜんぜん大変じゃない。台湾人がバカなだけ

ですよ。これは（憲法改正問題は）国（台湾）の問題。外国の問題じゃないんですよ。　　　　　（2004年7月29日，自宅，A＝女学校の同級生/客家）

　以上の語りで表出されている主張は，国民党による台湾統治の恣意性を無自覚に受け入れているように見える同世代台湾人への不満を内包しており，自覚的に台湾独立を論議する戦中派日本語族の語りと相同している[16]。
　しかし，彼女の語りには，戦中派日本語族として回収されることを拒む内容が含まれている。単独のインタビューにおいて，語りの中に戦中派日本語族が登場するケースを紹介する。

筆者：……川柳の先生の李琁璋さん曰く，李登輝は親日家で，蔡焜燦は愛日家だと……
OE：ハハハハ……
筆者：日本人以上に日本のことを心配してるって，そういう表現をされてましたけど……
OE：ハハ，ま，なんていいますかね。結局……。こういうこと言うと……，日本人にも了解できない私たち台湾人の心持ちですよ。本当言うと，私たちは日本人以上に日本を想っているんですよ。こういうこと言うとおかしいけど。あなたたちには了解できないけどね。
って言うのはやっぱり無理ないし。私たちは生まれたときから日本人として生まれて，日本人の教育を受けてきたでしょ。日本の教育受けて，日本人として成長してきた訳なんです。
だから，本当言うとね，私の終戦後の打撃はね……。
私たちの友達ね，みんな公学校で，ね，この，成長してきた。違うんですよ。
余計に私は……，なんていいますかね，日本精神というか……，日本精神でもないね……，なんて言いますかね，ハハ，これ，なんて言っていいか……。ま，日本人以上に日本人なんですよ。ハハ，こう言うとおかしいけど。ね，終戦後の日本人（よりも……），ね。ハハハ……もちろん，以前

58

の日本人と（いうのは）違う。以前の日本人は私たちと一緒（同じ）だけどね。終戦後の日本人より日本人なんですよ。

…略…

筆者：いやぁ……，李さんなんかは，日本統治の悪いこともいろいろ指摘されてましたけど……。一番文句言いたいのは教育だって話をされてましたけど。進学の時なんか，内地人と本島人の割合が公平じゃなかったって話なんかされてましたけど……

OE：ま，私たちは感じないけどね。感じないけど，感じる人たちもあるでしょ。内地人と台湾人との区別を。うーん……。大体，戦争中，配給ですね。配給の割合が違ったんですよ。日本人の……，台湾人……，また，台湾人に二つの階級とか，三つの階級があったんですって。改姓名と国語家庭，両方ともやっとったら待遇は日本人と同じなんですよ。そして，この，どっちか一つ，どっちもやってなかったら全然ね……。だから，本当言うと，私たちは全然，感じなかったんですよ。仮に……，あの，お野菜にしてもね，私たちが半斤もらうとするでしょ。そしたら，その次の人はその半分とかって，魚とかお肉とか……，私もはっきりとは覚えてませんけどね……
（2004年8月3日，自宅，単独）

　公学校出身の他の同世代人とは異なる環境で育った彼女の〈Ⅰ　台湾人アイデンティティ〉は，語る相手と共に，語りの中に登場する他者との対照によって揺れ動き，その文脈の中で関係的に定置される構造が見られる。

　長期化した調査において，様々なインフォーマントから聴いたエピソードを彼女に紹介する機会が増えると，それに対応するコメントが集積され，彼女の〈Ⅰ　台湾人アイデンティティ〉は独自性を浮き出させていった。同世代・同学歴階層と重なる共通の歴史体験と，主観的にはまったく異なる地平で対峙し，異なる反射角度で眺めた現実とが共在する語りを調査者は確認した。

　上述した語りの中に散見されるのは，主語の多様性である。上記のインタビューにおいて，「台湾人」「私たち台湾人」「私たち」「私」という四つの主

体を示す語が主語として採用されている。現実の台湾社会を生きる総体的主体としての「台湾人」，日本教育を受けた戦中派日本語族としての「私たち台湾人」，改姓名・国語家庭を経験した家庭の一員としての「私たち」，家庭の中でも最も日本人意識を強く内面化している「私」，この四つの主体が，状況的に主語として採用されている。

　語りの中でこれらの主語が浮上する背景には，ストーリー領域（storyrealm）における語りの場の状況と共に，物語世界（taleworld）における参照群（reference category）が関係している[17]。語りのリソース（＝生活史的現実）の中に登場するエピソードと，物語世界の中に登場する人々とのバウンダリーが主語の多様性を醸成していることが看取される。

3．ライフヒストリー・インタビューと他者理解

　以上，調査の状況とそこで語られたエピソードを検討してきた。インタビューの場において語られる内容は，聴衆（audience）によって選択的に紡がれている事態を確認することができる。国籍・世代・省籍が異なる相手に対して，被調査者は，それぞれ異なるエピソードを語り，文脈に応じて異なる主語を採用して自らを物語っていた。その意味では，ドンキホーテ的信頼性，共時的信頼性は，共に保証されない事態を本事例は示しているといえる。では，インタビューの場によって，異なるエピソードが語られ，語る相手に即してそれぞれ位相の異なる対他的アイデンティティが浮上する事態は，口述生活史の信頼性を宙づりにさせることを証左しているのだろうか。

　ライフヒストリーの事実的領域と意味的領域の二側面から議論を整理していきたい。まず，事実的領域に関しては，文献資料との比較・照合，並びに他のインフォーマントの語りとの齟齬の検討から，安定性を確認することが可能である。その意味で，彼女のライフヒストリーにおける事実的領域に関しては通時的信頼性を主張することが可能である。調査の過程で，筆者の調査ノートと文献資料を被調査者と共に照合し，さらに他者の語りを照合しながらインタビューを進めることによって歴史的現実の時系列は詳細に確定さ

れ，矛盾のない一貫性が定置された。つまり，主観的な語りの基盤となる事実的領域については，文献資料と口述資料を総合する手続きによって，安定した調査結果を提出することは可能となるのである。

　他方，同席者を交えたインタビューにおいて，様々な対他的アイデンティティが浮上する事態が示しているのは，被調査者が社会生活において様々な顔を持ち，様々な関係性のレベルで多層的な帰属意識（polyvalent identity）を有している現実である。逆言すれば，インタビューの場において，異なるエピソードが語られ，主語が多層化し，語る相手によって位相の異なるアイデンティティが浮上する事態は，息の長い調査と複数の同席者を随伴したインタビューの結果，明らかになるものである。

　つまり，一回起的なライフストーリー・インタビューの研究実践は，多層的なアイデンティの中の一つの対他的アイデンティティを切り取ることは可能だが，アイデンティティの多層性そのものに接近することはできない。その意味で，息の長い調査と，同席者を交えた聞き取りとは，物語世界の地平の拡がりと多層的な帰属意識の配置を浮上させる効果をもっているといえる。インタビューを時間的・場面的に複数回設定することによって，調査者は，状況に応じて異なる主語が採用され，様々な語りのヴァージョンが存在している事態を確認し得るのである。この論点は，筆者以外の調査者が，彼女に対してインタビューを行い，異なる調査結果を提出したとしても，筆者の調査結果が無効とならない根拠を示唆している。附言すれば，台湾人研究者，あるいは宗教に関心をもたない研究者が一回起的なライフストーリー・インタビューを行った際，異なる作品が紡がれても，このことは，筆者の編んだライフヒストリー作品の信頼性を動揺させないことを意味している。そこで問題となるのは，ライフヒストリーの唯一性ではなく，自己物語の信頼性とその内容の豊かさの水準だといえる。

　そして，様々な文脈で浮上したアイデンティティを語り手の意図に寄り添う形で統合し，作品化する研究実践は，「コミュニケーションによる妥当性（communicative validation）」[18]が確保されているといえる。つまり，様々な語りのヴァージョンや，複数の主語が採用される意味は，それ自体がコミュニ

ケーションの題材となり，そこで相互理解が生まれることによって，妥当性が確定される。つまり，語り手本人にとって納得がいき，妥当で真意であることが保証されるのである。

　被調査者の語りに即して議論を整理していこう。筆者が作品化した王恵美さんのライフヒストリーにおいて，決定的に重要な意味をもっているのは，前半生に形成された日本人としての自我である。彼女の語りを共感的に理解するならば，日本人としての自我にまつわるエピソードは，彼女の自己物語において不可分な構成素である。前半生に形成された日本人意識を前提としなければ，彼女の信仰受容の内的動機は理解できず，長らく自閉的な生活を送った理由も理解できない。また，自覚的に戦後社会を相対化して眺める台湾人としての自我も了解されない。そもそも日本人意識をプロットとしなければ，これらのエピソードは語られず，了解されない文脈がある。また，そうであるからこそ主語の多層性は浮上する構図がある。

　つまり，王恵美さんの語りの内容が，有機的に連関し，一貫性をもった物語構造にあることを保証しているのは，日本人としての自我にまつわるエピソードをプロットとすることによっている。彼女の語りのヴァリエーションやそこで浮上する多層的なアイデンティティは，この中核的な構成素を軸に派生したものである。つまり，彼女のアイデンティティのヴァージョンは，日本人意識を中核に分節化されたものだと解釈することが合理的である。この解釈において，物語の一貫性は損なわれていない。そして，彼女の語りのヴァリエーションは，日本人としての自我を核とした自己物語の意味的連関を補強し合う関係にある。

　そして，この解釈を王恵美さんは，妥当なものだと了解している。語りの場面のみでなく，文字化された語りを編集し，作品化する作業を共有する実践は，当事者にとっての真実性と妥当性を保証する働きをもつ。長期にわたる調査のプロセスで，ライフヒストリーにおける体験の解釈は，矛盾を来すことなく，安定し，首尾一貫性した構造を保っていることが追認されている。その意味で，通時的な信頼性は保証される。つまり，ライフヒストリーの意味的領域においても以上の手続きを踏まえることによって，信頼性を確

定することが可能だと考えるのである。

4．小　括

　以上の議論の結果，明らかになったことを整理しよう。
　ライフヒストリーは，事実的領域と意味的領域の交差によって物語化される作品である。事実的領域の信頼性は，文献資料や他者の語りを比較・照合する作業によって保証され，意味的領域は，エピソード間の意味連関の検討から一貫性が保証される。意味連関は，様々なエピソードと語りのヴァリエーションを収集・観察し，その拡がり・多層性を確認し，これを被調査者に提示し，合意を得る過程で確定される。語りは主観的に語られるが，間主観的領域を往復する文字データを検討するプロセスで信頼性は補強されていく。調査における通時的信頼性は，アイデンティティの多層性によっては動揺しない。つまり，多層的な対他的アイデンティティの意味上の連関構造を当事者の主観に即して統合した作品は，被調査者との長期にわたるコミュニケーションの結果，安定性と一貫性が確定される。その意味で，検証不能な回心，神秘体験，超常現象を分析対象に含む宗教研究においても，ライフヒストリー・アプローチは適用可能といえるのであり，その資料的価値は，妥当性の水準で保証することが可能なのである。いわば，調査者の存在的被拘束性を流動化するのは，時間・場面の複数性の確保によっているのであり，その意味で息の長い調査と文献資料と口述資料を総合する作業は，実証的思惟に基づくライフヒストリー研究には必須の作業といえるのである。
　本稿は，コミュニケーションを基盤とする調査研究のあり方を論じてきた。インタビューという狭義のコミュニケーションと，それを作品化する場面における広義のコミュニケーションが，ライフヒストリー研究において極めて重要な意味をもっていることが示唆された。豊かなコミュニケーションの実践こそ，厚みのある調査研究を可能にさせるのである。

※本章は，寺田（2004），ならびに「ポリヴァレント・アイデンティティの解釈を巡って」

（社会科学基礎論研究会，2005年度第1回研究会発表レジュメ），および川又・寺田・武井（2006）の第3節において展開した議論へ，加筆・修正を加えたものである。

注

1 例えば，日本宗教を対象にした戦後の成果に関しては，笠原編（1971）を参照のこと。
2 宗教社会学におけるライフヒストリー法の成果を網羅的に検討した川又（2002），および川又・寺田・武井編（2006）を参照のこと。
3 この用語とその差異については Schutz（1932=1982）を参照のこと。なお Bruner（1984）における "life as lived" と "life as experienced" は，それぞれ体験 Erlebnis（英訳では "Subjective experience" あるいは "lived experience"），経験 Erfahrung（英訳では experience）に対応すると思われる。
4 トラウマ体験等を想起されたい。近年の議論としては，浅野（2001, 2003）等を参照のこと。
5 周知のように人間は言語の枠内でしか思考し得ず，外界からの様々な情報・刺激は言語を媒介して有意味な経験として認知される，とする立場の議論もある。古典的な成果として Whorf（1956），Benveniste（1966=1983）等が挙げられる。
6 Foucault（1980）の議論を参照されたい。
7 Kirk and Miller（1986）を参照のこと。
8 Silverman（1993）および Frick（1995=2002）の議論を参照のこと。
9 フィールドノートの標準化，ならびに公表化に関しては，Spradley（1979）の議論を併せて参照のこと。
10 桜井（2002）を参照のこと。
11 桜井と同じくライフストーリーというタームで自身の研究法を位置づけるベルトーは，後者の立場に立っているように思われる（Bertaux 1997=2003）。
12 すでにこの問題系に論及した論考には，中野・桜井編（1995）所収の小林多寿子論文，大出春江論文，川又（2002. 特に pp. 37-66），有末（2000）Silverman（1993），Rubin and Rubin（1995）等が挙げられる。本研究は，議論の精緻化を目指して理論的・体系的にこの問題を論じるのではなく，理論的関心から出発した経験研究からライフヒストリーの資料論に検討を加える立場に立つ。その意味で，ライフヒストリーの資料論への基礎研究という位置づけになる。
13 寺田（1999, 2006, 2009）を参照されたい。
14 対他的アイデンティティ（a virtual social identity）の語は，Goffman（1963=1970）を参照のこと。
15 なお，生活史に関する語りも自発的記憶 souvenir spontané に関するもの（質問以前に意味連関が構成された経験）から，筆者の質問に答える形で学習的記憶 souvenir acquis に関するもの（質問によって注意が向けられ，想起された経験）が増えてくる。また語られるトピックとしては，2000年を過ぎた頃から筆者との対話の中では政治・選挙に関する内容が増加する。これは語りのリソースとして総統選挙等の調査者との同時代体験が度々参照されたことに帰因しているように思われる。なお，記憶に関す

第3章 ライフヒストリー研究と他者理解

　　る二つの用語法は，Bergson（1897=1999）を参照のこと．
 16 他のインフォーマントの語りについては，寺田（2009）を参照のこと．また，日本語族の語については，黄（2003）を参照のこと．
 17 ストーリー領域と物語世界の語については，Young, K. G.（1987: 46）を参照のこと．物語世界で語られた物語の世界のストーリー領域はメタ・コミュニケーションの次元を指している．
 18 Flick（1995=2002: 277）を参照のこと．

参考文献

浅野智彦，2001，『自己への物語論的接近』勁草書房
浅野智彦，2003，「物語と〈語りえないもの〉」『年報 社会科学基礎論研究』2号，ハーベスト社，pp. 98-115
有末賢，2000，「生活史調査の意味論」『法学研究（慶應義塾大学法学研究会）』73巻5号，pp. 1-27
Benveniste, É., 1966, *Problèmes de linguistique gènèral*, Paris.（河村正夫・木下光一・高塚洋太郎・花輪光・矢島猷三訳，1983，『一般言語学の諸問題』みすず書房）
Bergson, H., 1897, *Matiére et Mémorie*, Quadrige P.U.F.（田島節夫訳，1999，『物質と記憶』白水社）
Bertaux, D., 1997, *Les Rècits de Vie*, Éditions Nathan.（小林多寿子訳，2003，『ライフストーリー』ミネルヴァ書房）
Bruner, E. M., 1984, *Text, Play and Story: The Construction and Reconstruction of Self and Society*, Waveland Press.
Foucault, M., 1980, *Power/Knowlege*, New York Pantheon Books.
Frick, U., 1995, *Qualitative Forschung*, Rowohlt Taschenbuch Verlag GmbH.（小田博志・山本則子・春日常・宮地尚子訳，2002，『質的研究入門』春秋社）
Goffman, E., 1963, *Stigma; Notes on the Management of Spoiled Identity*, Prentice-Hall.（石黒毅訳，1970，『スティグマの社会学』せりか書房）
笠原一男編，1971，『日本宗教史研究入門――戦後の成果と課題』評論社
川又俊則，2002，『ライフヒストリー研究の基礎』創風社
川又俊則・寺田喜朗・武井順介編2006『ライフヒストリーの宗教社会学』ハーベスト社
川又俊則・寺田喜朗・武井順介，2006，「ライフヒストリー・アプローチと宗教研究」（→ 川又・寺田・武井編 2006，pp. 5-24）
Kirk, J. L. and Miller, M., 1986, *Reliability and Validity in Qualitative Research*, Beverley Hills: Sage.
黄智慧，2003，「ポストコロニアル都市の悲情」，橋爪紳也編『アジア都市文化学の可能性』清文堂，pp. 115-146
中野卓・桜井厚編，1995，『ライフヒストリーの社会学』弘文堂
Plummer, K., 1983, *Documents of Life: An Introduction to the Problems and Literature of a Humanistic Method*, London George Allen & Unwin Ltd.（原田勝弘・川合隆男・下田平裕身監訳，1991，『生活記録の社会学』光生館）

Rubin, H. J. and Rubin, I. S., 1995, *Qualitative Interviewing: the Art of Hearing Dara*, Sage Publications.

桜井厚，2002，『インタビューの社会学』せりか書房

Schutz, A., 1932, *Der sinnhafte Aufbau der sozialen Welt*, Spinger.（佐藤嘉一訳，1982，『社会的世界の意味構成』木鐸社）

Silverman, D., 1993, *Interpreting Qualitative Data: Method for Analysing Talk, Text and interaction*, Sage Publications.

Spradley, J. P., 1979, *The Ethnogrphic Interview*, New York: Holt, Rinehart & Winston.

寺田喜朗，1999，「台湾における日本新宗教信仰者のライフヒストリー」『白山人類学』6号，pp. 53-84

寺田喜朗，2004，「ライフヒストリーと信頼性」『東洋大学大学院紀要（社会学研究科）』40集，pp. 91-103

寺田喜朗，2006，「宗教的回心とポリヴァレントアイデンティティ」（→川又・寺田・武井編 2006，pp. 26-56）

寺田喜朗，2009，『旧植民地における日系新宗教の受容』ハーベスト社

Whorf, B. L., 1956, *Language, Thought and Reality*, The MIT Press.

Young, K. G., 1987, *Taleworlds and Storyrealms: The Phenomenology of Narrative*, Nijhoff.

第4章

世代間コミュニケーションとしての「祈る場所」
——婦人献身者ホーム「にじのいえ」の軌跡——

川又俊則

　1973年に設立されたある老人ホームが，2010年6月，他の施設と合併し，閉館した。本章は，そのホームの歴史を辿り，その歴史的意義を考察する[1]。

　事例として取り上げるのは，「婦人献身者ホーム」と呼ばれる施設，すなわち，女性の元牧師や元牧師夫人たち専用の老人ホームである。この施設がなぜ設立され，発展したか。そしてなぜ合併・閉館したか。その理由を考察することは，単に，キリスト教の老人ホームという狭い対象で議論するということではない。筆者は本章の考察を通じて，現代日本における社会福祉の問題，宗教や信仰の多様な問題を考えたいと思う。

　本書は「生活コミュニケーション学」をテーマにしているが，本章は「世代間コミュニケーション」を扱う[2]。コミュニケーションは，バーバル（言語的）・ノンバーバル（非言語的）ともに「人と人との言葉や意味の交換」を指すものである。本章はそれらとは若干異なり，「世代を超えたメッセージの交換」を「世代間コミュニケーション」と位置づける。筆者がイメージしているのは，先世代が老年期の生き方を後世代に示し，後世代がそれを学びつつ，先世代の老年期の生活を支えるというコミュニケーションである。本章で取り上げる語彙が適切かどうかは，事例を踏まえた上で，考察部分で議論することにしよう。

1. 老後を誰が支えるか

　職業人としての現役生活を，定年退職（60歳や65歳など）で終えた人びとは，平均寿命（2008年時点で男性79.29歳，女性86.05歳）を考慮に入れると，一般に，実に生涯の約4分の1の期間，20年前後もの長い老後を迎えることになる。そして，従来，会社員や公務員だった人びとは，それまでの定職がなくなり，子どもたちからの生活支援がない場合，自らの生活費は預貯金もしくは年金等で賄うことになる。

　江戸時代を描く古典落語を見ると，横丁ではご隠居が，暇を持て余して碁に興じている（「笠碁」等）。同居する息子が後継者として店を切り盛りし，自らは趣味や孫の世話で安穏と過ごしているのだ。長屋の四畳半では，現在の1万円未満の家賃で暮らす一人暮らしの高齢者もいる（「藁人形」等）。この時代は子が親を養うのが通例であり，子のない人は自らで生活の糧を得て過ごす状況だったことがうかがえる。

　さて，このような状況が明治・大正・昭和と続いてきたが，わが国は1961年，国民皆保険と国民皆年金の時代に入った。基本的には2011年時点も，この制度のもと，社会福祉に関するさまざまな法制度が施行されている[3]。周知の通り，これは世代間扶助と言えよう。現在，現役世代が徴収されている年金はそのまま現役世代が引退時に支給されるのではなく，現時点での引退世代に支給される。徴収された額がそのまま後に支給されるわけではない。平均寿命が男女とも世界で有数の上位国である現在，高額な医療費負担等の問題や医療・社会福祉施設の全体的拡大等の議論が高まり，介護保険制度も2000年に導入された。その是非に関する多様な議論はあるものの，現時点で日本は，財政支出額的には「高齢者福祉大国」とも言えるような状況だろう。

　こう見てみると，「老後を誰が支えるか」という問いに対して，私たちは「社会全体が」と回答できる。かつては「子が親を」だったが，現代は「社会全体が高齢者全体を」というと，素晴らしい社会になったかのように思える。だが，その運用実態で，介護従事者の労働条件の厳しさなど，多くの問

題が発生していることは周知の事実であり，現時点で，解決しているとは言い難い。今後，人口減少が続くなかで，わが国はどのような社会政策を選択するのか，明示されていない。本章は，その一つの手がかりを，あるホームの歴史に求めたいと思う。

2．宗教者の「老年期」

信者数が全人口の1％未満と言われている日本のキリスト教界のなかで，プロテスタンティズム各派の中には，生涯独身を通す牧師もいる[4]。現役牧師時代，教会から支給された謝儀（給与）の大部分を，その教会の運営に用いていた人もいる。そのような場合，ある教会の牧師としての立場を離れた（引退）時点で，老後の貯えなどほとんどない[5]。現役牧師時代に住んでいた教会・牧師館を離れ，他所で生活することになるや否や，ホームレス化してしまった牧師，身寄りも貯金もない宣教師を，教会員たちが逝去時まで懸命に援助し続けた例なども聞く。本節では，宗教界における宗教者の「老年期」の現況を確認しよう。

キリスト教界も仏教界も（他の宗教団体も），一般社会への貢献をはかるべく，病院，保育園，ホスピス，老人福祉施設等さまざまな施設を設立し，地域社会に定着している[6]。日本基督教団が，牧師たちのために独自の年金制度を始めたのは1964年だった。このような教団ごとの動きはあっても，宗教界全体で大きく議論されることはなかった。

個別事例から判断するなら，「老年期」や後継者問題は未解決と言えよう。例えば，実質は副住職がその寺院の寺務全般を行っていたとしても，住職がいる間は，副住職という地位にとどまることになる。宗教者の交替（世代交代）に関して，各宗教・宗派・教派等で明確な議論がなされず，個々の寺院・教会に任されてきた。（例外があるにせよ）住職の後継者に実子が期待される仏教各宗派においては，暗黙の了解となってきた（したがって，それ以外の事例，配偶者や子のいない尼僧等において，交替の際に思わぬ事態の発生もある）。

そもそも「宗教者は生涯現役」との考え方もある。その宗教に生涯を捧げ，宗教活動にすべて懸けてこそという理想主義も美しい。だが，現実にはそれらの人びとも，現世で，他者との関わりのなかで生きている。本人にはその自覚はないかもしれないが，周囲の人びとがその宗教者を支えているからこそ，信仰活動が成り立っているのが実態である。

プロテスタント・キリスト教界では，牧師がある教会に赴任する場合，任命制か招聘制になる。前者は教派の執行部等が人事を決定し，その任命により個々の教会に派遣される形式，後者は各個教会が牧師を決定し，他教会や神学校卒業予定者を迎え入れる形式である。

そして，神の言葉を取り次ぐ牧師たるもの，世俗的なこと，とくに金銭面での不満を発言しようものなら，不信仰だとの認識が広くキリスト教界内にあった。その結果，信仰のために生涯を捧げた牧師が，結果的に，餓死，行き倒れなどになったという話すら耳にする。

子どもがいる牧師たちは，引退後，その子たちと同居し，生活面で扶助を受けることが可能である。だが，老人ホーム入居が「高根の花」だった時代，子どもなど，彼ら・彼女らを支えてくれる人がいなければ，独居でひもじく過ごすしかなかった。したがって，各教派・教会にとって，引退牧師の生活をどう守るのかは課題だった。

日本のプロテスタンティズムのなかで最も信者数の多い日本基督教団には，全国教会婦人会連合という組織がある。そして，その下部組織に牧師夫人研究委員会があり，メンバーたちはさまざまな研究活動も行っている。彼女たちは1989年に，引退した牧師の「生活実態調査」をした[7]。その結果全体はその報告書に譲るが，ここで注目したいのは，その調査で，引退した女性教職者のなかに，生活保護受給者のいることが判明したことである。牧師たちが引退後に経済的に困窮している現実は，信者たちに大きな衝撃を与えた。

当時の日本で老年期を迎えた高齢者たちは，現在と比べ，決して人数は多くなく，平均寿命も高くはなかった（1965年時点の平均寿命は男性67.74歳，女性72.92歳）。三世代世帯率も高く（1980年時点で50.1％，2003年は24.1％

に減少）それこそ，子どもたちが，自らの親たちと同居して面倒を見るパターンの時代だった。であるがゆえに，当時の行政サイドの高齢者対策に対して，皮相的に「姥捨て山」等とのコメントも見られた（橋本1968）。

身寄りのない独身の引退女性教職者たち。彼女たちに，老後，安住の地はなかった。そこで，（とくに女性の）信者たちが立ち上がったのである。

3．「にじのいえ」を建てる：婦人会連合の働き

日本社会全体で考えると，1960年代半ばは，ちょうど高度経済成長を迎える時期にあたる。戦中戦後から経済的に大きく回復していく時代だった。

1950年代前半までの「キリスト教ブーム」が終わって10年，若い信者たちは，自らの教会を充実させるべく，教会で熱心に活動を続けていた。社会の経済状況が好転するなかで，信徒たちの視野に，牧師の引退後の生活が入ってきたのである。

1966年6月，日本基督教団の関西6教区婦人役員研修会で「伝道者としてキリストを証することに全生涯を献ずる牧師方の老後が，不幸で惨めであったりすることは看過できない。先生方が安心して働き，しかも終わりの日に至る迄，信仰の喜びに溢れた生き方が証しできるように施設を作りたい。同時に私たちの集会所もほしい」という発言があった[8]。

とくに小規模の厳しい任地で働いている独身の女性牧師の実態を知った人びとが，何とかしたいと思いながらも，自分一人では何もできないと心を痛めるだけだったのが，その分科会終了直前に，前記のような意見が出された。会場の人びとから大きな共鳴を得ると同時に，このまま解散してしまっては，何も進まないという判断がなされ，参加者たちが次々に献金をし，合計3000円が捧げられたのである。

この小さな，しかし勇気ある行動は，草の根的に全国に広がった。日本基督教団婦人専門委員会は建設運動を応援し，関西の幾つかの教区では，具体的に建設候補地を求めた。残念ながら交渉は成立しなかった。だが，ちょうどその頃，日本基督教団全国教会婦人会連合が発足し，1969年6月の全国

教会婦人会連合第1回中央委員会では,「クリスチャンワーカー憩いの家」(=「婦人献身者ホーム」)建設を同連合の事業とする決議がなされた。具体的な動きに対して,関係者からは賛否に関するさまざまな反響があった。やがて,特別委員会(婦人献身者ホーム委員会)が組織され,具体的に適地の検討がなされた。そして,1971年7月末には「婦人献身者ホーム建設委員会」が組織された。

この施設について,「高齢者養護が主目的ではなく,60歳以上の引退後の婦人教職と牧師未亡人が第二の人生を,各人の賜物を生かしつつ歩み出せるよう,生活と活動の場を用意するもの」として,同年10月,千葉県館山市の農地が買い取られ,日本基督教団の特別財産として登記が完了した。同所において,「房総の海にかかる虹の感動的な印象が,創世記9章13節のみことば『わたしは雲の中に私の虹を置く。これはわたしと大地の間に立てた契約のしるしとなる』に結びついた」ということから,1973年,施設名称を「にじのいえ」とすることが決まった。同年5月には献堂式が行われ,30名の宿泊研修が可能な礼拝室兼食堂を擁する木造二階建てのセンター棟,居室7室10名を収容できる木造一階建てのホーム棟が完成し,クリスチャンワーカーの憩いの家たる「にじのいえ」が誕生したのである。

建物の完成時点で入居者はいなかった。入居者はなかなか現れなかったが,やがて2年後,1975年2月に最初の入居者が訪れた。それ以降,合併・閉館までに合計28名の入居者がこの「にじのいえ」を利用することになった。

4.「にじのいえ」を展開する:スタッフと運営委員会の働き

(1) スタッフと運営委員会

「にじのいえ」の毎月の入居費は,光熱費の別途実費以外,三食の食費込みで5〜5.5万円であった(2009年時点)。これは他の老人ホームと比べ,きわめて安価だと言えよう[9]。

「にじのいえ」を支えるスタッフは,住み込みの管理者1名,職員2名が

第4章　世代間コミュニケーションとしての「祈る場所」

入居者の日常生活を管理し，また，食事担当のパート職員2名が，毎日三食を作っている。このメンバーが基本である。さらに，日本基督教団全国教会婦人会連合「にじのいえ」運営委員会メンバーが，月に数回，交替で現地訪問している。礼拝に参加したり，食事を共にしたり，入居者たちの様子を視察に来る。そして，そこで得られた情報は委員会で，運営に関する議論に反映される。

　スタッフたちの声を筆者のインタビュー資料をもとに紹介しよう[10]。
　　「礼拝や通院の送迎，要介護認定でヘルパーが来る人もいるので，毎朝のチェックなどに力を入れている」
　　「毎朝，いつも緊張する。ちゃんと礼拝に来てくれるとホッとする」
　　「本当に，入居者たちは優しい人たちです」

　入居者たちとよい関係を築きながら，スタッフたちは彼女たちの日常生活を守ることに専心している。開設当時から6代の管理者までは，住み込みの夫婦が務めていた。その後，5年ほど前からは，単身の男性が務めている。精神的には24時間体制ということもあり，管理者には休日を確保してもらうために，その休日時には運営委員会の委員が交替で来所し，管理者代わりを務めている。

　決して多人数体制ではないが，限られた予算のなかで，自らの信仰するキリスト教界に生涯を尽くした彼女たちを，関係者全員で守っていたのである。

　「にじのいえ」は社会福祉法人ではない。先述の通り，日本基督教団の特別財産の一つである。したがって，行政からの補助金などはなく，運営費の多くは，全国各地の信徒たちの献金による。その他，センター棟の宿泊収入，入居者の収める費用，物品販売収入などが運営に充てられている。「にじのいえ」は，恒常的に，厳しい経済状況が続いていた。「にじのいえ」運営委員会の主なメンバーは，訪問可能な東京教区や関東各教区等，「にじのいえ」がある千葉県の近県に住む信徒や牧師で構成されている。2010年まで活動は続けられ，彼女たちは，「終わりなき奉仕」を合言葉に，この施設の運営を展開していった。

(2) 発展

1970年代開設当初の数年間，入居者は1～2名で推移した。そこで委員会は，各教会の修養会・研修会をはじめ，クラス会，家族旅行等，広範な目的でセンター棟を宿泊利用することを広く広報しようと計画する。日本基督教団の各種新聞・ちらし等に掲載し，「にじのいえ」の存在をできるかぎりPRした。そして，徐々に利用者が増え，これらの宿泊は，入居者の少ない「にじのいえ」において，一定の収入を得るものになった。

センター棟の外部者による利用数は，例えば，1974～77年の5年間ではのべ1000名前後に上った。「にじのいえ」ツアー（東京から一泊二日）も年3回ほど行われ，教団内の多くの人びとへの周知がなされていた。

このような短期利用者の増加から，今後の入居者増も予想され，専用風呂，集会等の部屋，ヘルパーたちの居室等合計36坪の増築を1976年に決定し，工事は翌年に完了した。そして，将来利用する可能性のある現役牧師に対し，毎年6月に無料宿泊体験という企画も実施された。この宿泊体験によって「にじのいえ」を知り，後に入居を決意した例もある。

1976年，近隣の信者・非信者のため，毎月第三日曜午後に聖書研究会を開くことになった。1980年，入居者の元牧師が中心となって，「にじのいえ」初のクリスマス愛餐会を開催し，近所から20名が参加するイベントとなった。1981年4月からは，外部参加者を含めた日曜礼拝を実施するようになった。近隣の児童養護施設「ひかりの子学園」の子どもたちのために，土曜子ども聖書会を発足した（2009年3月まで継続）。

1984年3月に，念願の礼拝堂が敷地内に建設された。礼拝は以後，この礼拝堂で行われた。1985年には，新ホーム棟建設のための献金を目的とした慈善音楽会が開催された。以後も，毎年のように慈善音楽会が行われた。1986年9月より，現役の牧師が毎月一度，「にじのいえ」で礼拝を持つようになった。

1989年，ゲストルームを入居室に開放し，ホーム棟玄関をヘルパー休養室に改造した。

「にじのいえ」の入居者は，1980年代後半に9名となり，その後，10名の

定員を上回ることが予想された。そこで，増設か定員数維持かの議論があり，増設が決定された。

1994年，ホーム棟解体工事が開始され，翌95年3月，三階建ての新ホーム棟が完成し，15名までの入居が可能になった。

そしてついに1995年，礼拝堂で「にじのいえ」初の洗礼式が行われた。洗礼を受けたのは，土曜子ども聖書会に通っていたひかりの子学園の生徒だった。さらに1998年には，館山市内に南房伝道所が開設された。この地域への布教活動，すなわち信仰の拡大という部分でたいへん大きな意義を持つものだった。2002年には，それまで借家だった南房伝道所に新しく教会堂が建設され，献堂式が行われた。

(3) 入居者たち

入居者の日常生活はどのようなものだろうか。再び筆者の行ったインタビュー調査を資料に，以下に記す。

午前4時や5時台の早朝に起きる人は多い。しかし，外出をするのではなく，自室で静かに祈ったり，聖書を読んだりして過ごしている。7時45分から食堂で行われる礼拝には，よほどの体調不調でもないかぎり全員が参加する。8時からは朝食を，入居者とスタッフ一同で摂る。その後，午前中は個々に過ごす。月に数回，介護サービスで清掃や入浴などを受けている人もいる。病院に通院する場合，住み込み職員が病院へ送迎している。読書，手紙，趣味の手芸などに興じる人もいる。12時から昼食を摂り，その後，午後も個々で過ごす。午睡をとる人もいる。17時30分からは夕食。夜も各部屋で静かに過ごしている。テレビやラジオの視聴は皆好きで，特定の番組を楽しみにしているということであった。就寝は20時から23時まで，それぞれ自ら決めたペースで休んでいる。

毎月1回，市内へ買物・昼食のためにスタッフの送迎で行くことと，毎週日曜日には南房教会の礼拝に参加するのが，入居者ほぼ全員で行う行事である。また，入居者個人，あるいは「にじのいえ」への来訪者も少なくない。自らが外に出向かなくても，決して孤立した状態にはなっていない。

入居者たちの、「にじのいえ」に関する感想の一部は以下の通りである。
「脳梗塞になって、それで2年後任を待って、病院に通いながら仕事をして、ここ（にじのいえ）に来たんです」
「子どももいないので、他人の世話を受けられない。ホームに入る蓄えもなかった。ずっと、献金していた。（現役時代）『にじのいえ』の存在は安心だった」
「（外出は）割合に出かけましたけど、この4、5年は身体の自由が効かなくなりましたので、病院と、月1回のショッピングに皆さんと出かけるくらい。前には泊まりがけのクラス会にも」

長期にわたって生活している入居者もおり、入居当時の身体が動いたころのことを思い出されての発言もあった。同時に、現在、病院に通う以外はあまり動けない、薬を間違って飲まないように苦労しているなどの声もあった。

表1は、全入居者28名の入居期間・入居退去時年齢等をまとめたものである。入居開始からの36年の歴史を、12年区切りに3期に分けた。すると、1期目（1975～86年）は徐々に入居者が現れたが、短期で退去する者もいたため、少数の入居者たちが暮らしていた時期だった。2期目（1987～98年）は20年以上も入居し続けた人びとが現れ、また、同時期に10名前後入居者がいた発展期だと言えよう。そして3期目（1999～2010年）は、それ以前より高齢での入居が目立ち（平均入居時年齢は、1期74歳、2期77歳、3期79歳、小数点以下四捨五入、以下同じ）、2000年以降は短期の入居者が多くなった（平均入居年数は、2000年以前の平均13年、2000年以降平均3年）などの特徴が見いだせる。

28名の入居者を入居年数で分類すると、入居年数1～5年が15名、6～10年が5名、11年以上が8名となっている。平均入居年数は9年、入居時年齢は77歳、退去時年齢は86歳である。とくに最近10年間は、入居時年齢の平均が79歳と、入居時点での高齢化がわかる。

これらのことから、3分の1程度の方々は長きにわたってこの施設を利用していたが、過半数は一時的入居だったといえる。もちろん、たとえ一時期

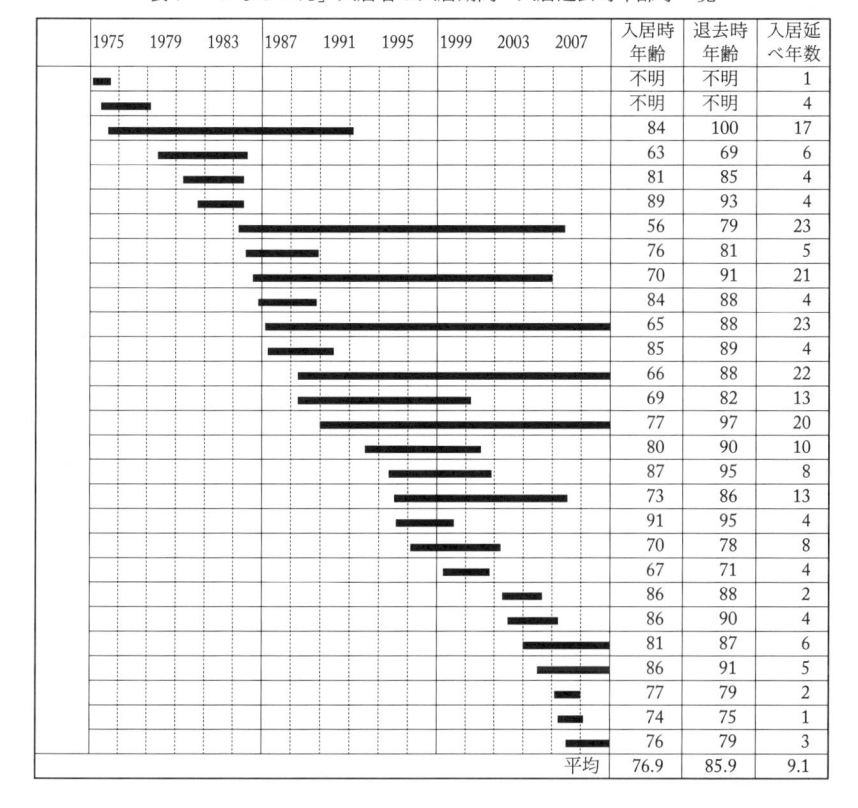

第4章 世代間コミュニケーションとしての「祈る場所」

表1 「にじのいえ」入居者の入居期間・入居退去時年齢等一覧

入居時年齢	退去時年齢	入居延べ年数
不明	不明	1
不明	不明	4
84	100	17
63	69	6
81	85	4
89	93	4
56	79	23
76	81	5
70	91	21
84	88	4
65	88	23
85	89	4
66	88	22
69	82	13
77	97	20
80	90	10
87	95	8
73	86	13
91	95	4
70	78	8
67	71	4
86	88	2
86	90	4
81	87	6
86	91	5
77	79	2
74	75	1
76	79	3
平均 76.9	85.9	9.1

であろうと，この施設を経由することで，現役時代の疲れた身体を休め，次の場所での生活を穏やかに送れるようにすることも，「にじのいえ」の設立趣旨に適うことである。

このように，「にじのいえ」は間違いなく，28名の入居者たちにとって，老年期に「祈る場所」として存在した。しかし，自立型ホームを自認する以上，彼女たちにとっての「終の棲家」にはなり得なかった。

77

5．「にじのいえ」の意志を守る：信愛荘との合併

(1) 合併・閉館への経過

前節のように順調に展開してきた「にじのいえ」は，にもかかわらず，なぜ合併・閉館へと向かったのだろうか。

旧舎については建設後30年を経たため，2000年5月に建物診断を行ったところ，危険度はとくに高くないとのことだった。そこで必要最小限で，補修・改修工事を実施した。

2003年，現役牧師等で入居資格を持っている人たちのアンケート調査を実施した。すると，「にじのいえ」を心の支えにして伝道に励む人が少なからずいたことが判明した[11]。しかし，現実の入居者数は，表の通り，1999年の11名をピークに，再び一桁台になっていた。そこで，今後入居者が増える可能性があるかどうかを確認したのが上記のアンケートである。その結果，需要自体はあるものの，それが，すぐに入居者につながっていないことが確認された。そこで，空き室の対応が検討された。そして，2004年以降，ホーム棟の空き室を1週間滞在利用者に特別料金で提供することを決めた。夏季キャンプその他での外部者の利用も積極的に進められた。

「にじのいえ」の長期入居者たちは，2004年の時点で入居者8名中7名が介護保険を利用する状況だった。介護度は各人で高低差があるが，「自立して生活できる」という入居条件からすると，やや困難な人も現れた。病院に長期入院した後に退去する人，親族の家に転居する人などが数名ずつ現れ，「にじのいえ」の入居者たちが少しずつ減っていったのである。

病院への入院者の増加は，「にじのいえ」を支える側にとって，急な医療費等の必要性を大いに感じさせるものだった。そこで，入居者たちの医療費備蓄として「ポピー献金」が新たに実施された。2005年以降も6～8名の入居者数で推移し，かつそのうち数名は入院中などの状況が続き，「にじのいえ」の将来について，改めて議論され始めた。

2005年，日本基督教団の全国運営協議会において，「にじのいえ」は「『終の住み家』であると明記できない」とされた。もともと「生活と活動の場

所」であり，特別養護老人ホームのように，常時の介護ケアを備えられる施設ではない。したがって，「にじのいえ」は，生涯を終えるまで過ごす場ではないことが，再確認されたのである。

2007年に南房教会が伝道所から第2種教会へと昇格すると，「にじのいえ」での礼拝は6月で休止となった。その後，日曜礼拝を希望する入居者たちは，南房教会へ通うことになり，スタッフが自動車で送迎をすることになった。

2008年の全国教会婦人会連合第79回中央委員会で討議の結果，日本基督教団隠退教職老人ホーム「信愛荘」との合併が検討された。実は，この地域一体は，大規模な地震が起こった場合，液状化などにより甚大な被害を受けることが千葉県の調査で判明していた。さらに，現在の建物自体の耐震強度に問題があることもわかり，「にじのいえ」では，以後，センター棟を使用しないことを決めた。これは，外部の宿泊者を受け入れないことと同義であり，「にじのいえ」の収入の一つが閉ざされたことになる。

同年7月に合併特設委員会が発足し，月1回以上のペースで検討が重ねられた。同年，東京教区総会で「にじのいえ」と「信愛荘」との合併が賛成多数で可決された。1958年に創立された「信愛荘」では，設立当初に建てられた棟を建て替えることになり，新しい鉄筋コンクリート二階建ての建築工事が進められた。合併した施設の名称は，日本基督教団隠退教職ホーム「にじのいえ信愛荘」に決定した。

2010年5月22日，「にじのいえ」閉館式が行われた。同年6月29日，前日に出発した入居者たちは，横浜のホテルに宿泊した後，信愛荘へ引っ越した。同年秋，「にじのいえ」の施設が売却され，その運営委員会が解散した。「にじのいえ信愛荘」の入居者たちと建物については，にじのいえ信愛荘運営委員会が管理運営している。

(2) 合併・閉館の理由

「にじのいえ」閉館の理由をまとめよう。

まず，入居条件はその一因と言えよう。①日本基督教団の婦人教職，もし

くは逝去牧師の夫人，②入居時の年齢が60〜85歳，③自立していること（＝身の回りのことが一人でできること），という三つの条件すべてを満たすことである。

　この対象者限定のため公的な補助が受けられず，財政面で厳しい状態が続いた。他方，日本基督教団を引退する人びとは，徐々に教団の年金制度を利用することが可能となった。公的年金も広く普及し，設立当初の「救済」的な目的は，社会的な制度整備で，ある程度達成されたと見なせよう。

　また，自立できなくなった入居者は，病院や親族宅，他の介護施設へ移送される。現実に，28名の入居者のうち，信愛荘に転居した5名以外の23名のうち，「にじのいえ」での逝去例は3名に過ぎない。他は，病状悪化等で病院入院により退去，親族宅への転居，老人保健施設への転居である。

　2000年，介護保険が施行されて以降，入居者が減っていった。この前後より，全国には多様な老人ホームが建設されていた。つまり，「にじのいえ」を必要とする人びとは，肉体的（精神的）に，もはや「にじのいえ」では対応しきれない状況になっていたとも考えられる。

　最大の要因は，「にじのいえ」の建設場所が，大地震の際，液状化・活断層の危険地域であることが判明し，甚大な被害に遭うことが予想されたことである。場所の構造的問題等の検討の結果，他所で建て替えるという方策をとるのではなく，類似施設である信愛荘との統合，それによる入居者の転居が検討された。建物の老朽化および自然災害の危険性は，きわめて深刻な問題だった。そして，入居者は減少し，経済的にも同じ悩みを持つ信愛荘との合併が検討され，「にじのいえ」自体は，閉館となったのである。

　「にじのいえ」は開設当初の目標を達成し，現在ではその役割を終えたと考えられる。役割を終えたことは，時代に合わなくなったからだと単純に述べられるものではない。それを頼みにする人がいて，直接，間接に支える人がいて，存続してきたという意味において，確実に，その施設はキリスト教界に大いに貢献したのである。

6．世代間コミュニケーションとしての「祈る場所」

(1)「祈る場所」の存在

　この「にじのいえ」のように，今日，教派あるいは教会が単独で，元牧師や元信者たちのために「祈る場所」としてキリスト教徒専用老人ホームを提供するのは，経済的に極めて困難だろう。それでは，類似の施設は他にないのだろうか。

　実は，筆者が現在調査している多くのキリスト教主義老人ホーム（社会福祉法人等）では，毎朝礼拝する場所が設けられている。近隣の多教派の牧師たちが輪番で説教を担当しており，当然ながらクリスチャン以外の一般の人びともその礼拝に参加している（川又2011）。

　キリスト教徒専用老人ホームは，「祈る場所」として維持されることは困難となった。だが，一般に開かれたキリスト教主義老人ホームなどのような施設のなかで「祈る場所」は維持され得ると思われる。現実に，非信者たちが毎朝あるいは日曜午後などに行われる礼拝に参加している例もあり，やがて，そこからキリスト教信仰を持つに至った例もある。その施設には多くの信徒や元牧師たちが入居している。今後はそれらが「祈る場所」としてますます利用されることになるのではないか。

　そうすると，現代日本におけるキリスト教受容は，広く一般社会とつながりながら定着の段階を迎えているとも見なせよう。

(2) 世代間コミュニケーション

　先世代の「祈る」場所を後世代が準備してそれを守る。そして先世代が「祈る」場所で「祈り」続けることをもって，生き方のモデルを後世代に示す。筆者は，これが「にじのいえ」の姿だったのだと思う。その際，老年期を生きる入居者たちが自らのそれまでの生き様を現役世代に伝え，さらに現在の生き方をも示しているように見える。一方，現役世代が献金のみならず，奉仕活動等でその老年期の人びとを支えている。「にじのいえ」には東京・神奈川・千葉等の各地から，夏期キャンプや他の時期に多数の若者たち

が教会やその他のグループとして訪問してきていた。彼ら・彼女らは「にじのいえ」に宿泊し，奉仕活動を行い，食事やその他の機会で入居者たちと触れあいを持った。きっと筆者と同じ，否それ以上に，入居者たちから多くを学び取ったのではないだろうか（図）。

一世代上のためにその下の世代が支え合ったのが「にじのいえ」である。これは，老年期と現役世代との一つのコミュニケーションと言えるだろう。

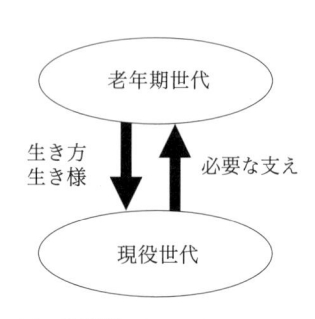

図　世代間コミュニケーション

言葉で何かを伝えるばかりではなく，生き様や生き方を示し，それを受け取った人びとが，支えていくこと，これを筆者は「世代間コミュニケーション」と名付けたい。

現代では，同世代であっても正規雇用と非正規雇用，職種別，結婚・非婚等により「格差」を感じる人がおり，連帯感がきわめて生まれにくいかもしれない。そのような現況で，「世代間連帯」など生まれるのであろうかとの疑問すらあり得る。人間関係とは理解と誤解の絡まり合いだという説明は，今なお，基本的に了承されるものだろう（加藤1966）。

しかし，本章で見たような事例のごとく，世代を超えた支え合いによる人間関係が，現実にあったのである。そしてそれは，相互の交流によって生まれていた。

それではなぜ「にじのいえ」はこれをなしえたのだろうか。

もちろん忘れてはならないのが，同じ宗教を信仰していた人びとの施設だということである。「にじのいえ」の場合，入居者もスタッフも皆，同じキリスト教信仰を持つ人びとの集団であった。「にじのいえ」の37年の歴史を，短いと見るか長いと見るか，見解は分かれようが，いずれにせよ，同じ目的を持つ集団であったことは指摘しておくべきだろう。そのような結びつきの強さが支え続けた根底にあるのだ。

それならば，キリスト教信徒というきわめて珍しい人びとだったからなされたのか。いや，そうではないだろう。

ベストセラー『おひとりさまの老後』でも知られる社会学者上野千鶴子は，以前より，「老いる」ということに積極的に発言してきた（上野2005他）。上野はNPO法人による支え合いの例を示している（上野2005）。「サービスを受ける人もサービスを提供する人もともに自分たちの居場所をもっている」（上野・辻元2009: 37）場所は，信仰を同じくした場所ではない。だが，そのような居心地のいい支え合いの空間は現実にあるのだ。この例は，「介護の社会化」による意識の変化があると指摘されている。これも，特殊な例ではない。「買物難民」に対して，商店街有志による独自の宅配サービスをしているところや，高齢者の移送サービスを行っているところがある（杉田2008）。まさにこれらは，支え合いの例といえよう。

　このような事例を見ると，「にじのいえ」の試みは，他より30年早い活動だったのかもしれない。そして今後，さまざまな形式での支え合い「世代間コミュニケーション」がわが国を支えることになるのかもしれない。

おわりに

　職業人として現役生活を終えた後，20年もの長きにわたる「老年期」を，私たちはどのように生きていくのだろうか。そして私たちは「老年期」をどこで過ごすのだろうか。

　「にじのいえ」の入居者たちのように，私たちは，半現役として社会貢献することができるだろうか。そしてそのとき，どのように周囲とコミュニケーションがとれるだろうか。また，「老年期」を生きる人びとが，人口減少の続く日本の近未来社会で一定の役割を果たすべきことが，必然となっていくのかもしれない。

　これら一つひとつは，私たち自身一人ひとりの問題として依然として考え続けていくべき課題である。日本全体の将来像が見えにくいなか，しかし，「世代間コミュニケーション」の実践例に，あり得べき姿の一つを見たように思う。

※本章は，平成21年度財団法人日本証券奨学財団研究助成金「超高齢少子社会で『限界教会』を維持する『年金受給』牧師の活動」にもとづく調査研究による成果の一部である。

注

1 本論と同対象を別の観点で考察した川又（2011）も，姉妹編として参照されたい。
2 「世代間コミュニケーション」という発想は，「世代間連帯」（上野・辻元2009）というアイディアを下敷きにしている。上野・辻元は同書で世代を超えた「連帯」を強調した。筆者はそこまで世代間の結びつきが強いとは思えず，交流・交換という意味合いで「コミュニケーション」を用いている。
3 社会制度と人口減少や高齢社会に関しては川又（2009b），宗教界と老後については川又（2007，2009a，2010）等を参照。
4 ローマ・カトリック教会の聖職者たちは皆，独身であり，教会の組織のなかで扶助されている。
5 辞書的定義で「隠退」は社会的活動すべてを辞めること，「引退」は職務・地位を退くことである。日本基督教団では牧師職を退くことを「隠退」と表記するが，本章では，固有名詞を除いては，引用も含めて一般的な用語「引退」で統一する。
6 キリスト教系の病院としては，ホスピスケアを1973年に始めた淀川キリスト教病院，独立病棟を1981年に建てた聖霊三方原病院等が著名。仏教系は「ビハーラ」という用語のもとに，終末医療に従事している病院がある（あそか第2診療所等）。保育園他の児童福祉施設には，仏教系，キリスト教系，神道系なども多数存在し，地域貢献している。
7 調査詳細は日本基督教団全国教会婦人会連合牧師夫人研究委員会編（1989）を，牧師夫人研究委員会の動向は飯沢（2002）を参照。
8 「にじのいえ」の歴史に関して，『にじのいえ』（日本基督教団全国教会婦人会連合にじのいえ運営委員会広報部発行の機関誌。1975～2010年までの全87号），ビデオ『にじのいえ』などの関係資料を参照した。
9 比較的安い料金で入居できる軽費老人ホームでも，およそ月額7～12万円である。「にじのいえ」の安さが際立つだろう。
10 筆者は2009年3月19日～20日，同年9月20日，2010年3月17日～20日等に現地調査を行った。またその準備期間やその後も，運営委員会に多くの教えを乞うた。当日お世話になった入居者・スタッフ，および運営委員会の委員，関係者の方々に記して謝したい。
11 『にじのいえ』72号，2003年。

文献

橋本重雄，1968，『信仰の周辺』中央出版社，pp. 331-333
飯沢弘子，2002，「『にじのいえ』とは」『2001年度報告 喜びあふれるものに』アジア教会婦人会議日本委員会，pp. 25-29

第 4 章　世代間コミュニケーションとしての「祈る場所」

加藤秀俊，1966,『人間関係』中公新書
川又俊則，2007,「宗教指導者の『老後』——現代日本のキリスト教界を中心に」『鈴鹿国際大学紀要』13 巻，pp. 87-98
川又俊則，2009a,「少子高齢社会を支える『老年期』の宗教指導者——老年期の牧師・元牧師を中心に」『東洋学研究』46 号，pp. 233-244
川又俊則，2009b,「超高齢少子社会のデータを読む」，山田芳子他編『教養教育の新たな学び』大学教育出版，pp. 2-16
川又俊則，2010,「老年期の信仰と生活——元牧師の類型と抱える諸問題を中心に」『東洋学研究』47 号，pp. 193-211
川又俊則，2011,「『祈る場所』の可能性——キリスト教主義老人ホームの比較検討を通じて」『東洋学研究』48 号，校正中
藻谷浩介，2010,『デフレの正体』角川 ONE テーマ新書
日本基督教団全国教会婦人会連合牧師夫人研究委員会編，1989,『成熟への道のり』日本基督教団全国教会婦人会連合
杉田聡，2008,『買物難民——もうひとつの高齢者問題』大月書店
上野千鶴子，2005,『老いる準備』学陽書房
上野千鶴子・辻元清美，2009,『世代間連帯』岩波新書

[第Ⅱ部]

生活コミュニケーション学の応用

第5章

条件表現と条件文
――日本語教育学の観点から――

中川サワリー

　現在のグローバル社会では，さまざまな側面においての国際交流が必然となっている。そのため，コミュニケーションを図るための手段として英語がより一層広く使用されるようになっている。それと同時に，英語以外のさまざまな言語の使用も世界的に広まっている。それゆえ，これからの世界は多言語の社会になっていくと思われる。この世界の国際社会化への変化の影響で，言語教育の重要性がますます高まってきた。現在，日本語教育が世界的に行われている。日本語の表現の中で，条件表現は理解しにくい問題点の一つとなっている。しかし今までの日本語の教科書では，これらの表現は初級のレベルからアトランダムに導入されるため，断片的な説明しかできない。ほとんどの学習者はこれらの表現を学習しても使いこなせないのである。このように，これらの表現における教授法は十分に考慮されていないように思われる。

　本章は筆者の条件表現における一連の研究に基づいて，日本語の条件表現および条件文の意味用法を概説し，言語学および言語教育の理論に基づいて日本語教育の観点から日本語の条件表現および日本語の条件文の意味用法における教授法の基準を提案する。

1. 条件表現の意味

日本語の条件表現の代表的なものにバ，ト，タラ，ナラがある[1]。これらの表現は英語の if に相当すると思われがちである。その理由は，学校文法などでは，英語の if は仮定法（subjunctive mood）の表現であると説明し，日本語に訳するとき，バ，ト，タラ，ナラの表現を使うからである。仮定法についてはほとんど，「私が鳥なら」とか「そのとき，もっと勉強していたら」などの願望，事実に反する想像などを描く言い方であると説明されている。

以下の〔1〕はその例の一つである（『英検準2級教本』2009: 92）。

〔1〕　If Andrew were here, he could help us clean our room.
　　　もしアンドリューがここにいたら，部屋のそうじを手伝ってくれるのに。

実は仮定法は条件文（conditionals）の一つである。学習者によりわかりやすく英語の条件文を説明するために，仮定法のように事実に反することばかりではなく，実現性のある事柄を表すものの一環としても説明すべきと思われる。

パーマー（F. R. Palmer）は英語の条件文（conditionals）を real（事実）と unreal（非事実）とに分け，次のように説明している（Palmer 1986: 189）。

"There is one distinction that is undoubtedly important typologically, that between real and unreal conditions, the later being used to refer to events about which the speaker expresses some kind of negative belief.... Modality seems, then, to be doubly marked in conditionals: not only are they non-factual, but in addition there is the distinction between real and unreal, indicating the speaker's degree of commitment. In theory, then, there are two distinct parameters for the marking of modality."

パーマーの説明では real は実現性があるのに対して unreal は実現性がないと言っている。以下の〔2〕と〔3〕はそれぞれの例である（Palmer 1986: 189）。

〔2〕　If John comes, I shall leave.
〔3〕　If John came, I should leave.

〔2〕では前件（以下Pと呼ぶ）の "John comes" はこれから起こりうる事態であり，後件（以下Qと呼ぶ）の "I shall leave" も起こりうるため，〔2〕はreal（事実）の条件文になる。これに対して〔3〕のPの "John came" は過去の事態であり，実際は「John は来なかった」という反事実であるため unreal（非事実）の conditional と説明している。

次に，日本語の条件表現を見てみよう。

〔4〕 時間があったら，花火を見に行きたいなあ。

〔5〕 電話をくれたら，空港まで迎えに行ってあげたのに。

〔4〕は，話者（以下「発話主体」と呼ぶ）は，発話時点において，Pの「時間がある」という事態が実現するかどうかわからないが，実現すると想定してQの「花火を見に行く」という事態を言い表すのである。これは実現性がある条件文である。これに対して〔5〕全体の文は過去の事柄であり，実現することは不可能であるため，発話主体は後悔の気持ちで言い表すのである。上記の〔4〕と〔5〕は実現可能か実現不可能の「仮定的意味」を表すため，両方とも非事実（本研究では irrealis と呼ぶ）の領域に属している。この場合の日本語の条件表現はパーマーが言っている conditionals と共通している。換言すれば，パーマーの言っている conditionals の real および unreal はすべて本研究の非事実または irrealis の領域に入っている。

ところが，日本語の場合，以下のような例がある。

〔6〕 駅に着いたら，電話をください。

〔6〕の場合，発話時において，発話主体は聞き手が自分のところに向かうことが確実に実現すると信じてQの「電話をください」ということを聞き手に願うのである。つまり，〔6〕のPの「駅に着く」がQの「電話をする」に先行しているのである。この文を英語に訳すと，

When you arrive at the station, please give me a call.

になる。つまり，この場合，英語では if ではなく，when を使わなければならないわけである。これは〔6〕の条件文は仮定的な意味ではなく，PとQは「時間的前後関係」の意味を表すからであることが明らかである。また，

〔7〕 春が来れば，桜の花が咲く。

では，発話主体は「春が来るとき，いつも桜の花が咲く」という習慣の繰り返しを述べている。このような条件文は「春が来ないと，桜の花は咲かない」というPとQの必然的な因果的関係が暗示されている。この文は以下の英語になる。

　　　When spring comes, the cherry trees are in blossom.

以上見てきたように，日本語の条件表現は必ずしも英語のifに相当するとは限らないことがわかった。

その他，次の例で示すように，バは他の三者のト，タラ，ナラと同様，仮定的な意味を表す。

　〔8〕　明日晴れれば／晴れると／晴れたら／晴れるなら，みんな海に行くでしょう。

このように，パーマーが説明している conditionals の real と unreal のみの枠組みでは日本語のバ，ト，タラ，ナラという条件表現を説明することができない。それは，日本語のバ，ト，タラ，ナラは仮定的な意味の他に因果的関係など非仮定的な意味をも表すからである。

2．条件表現の多義性

条件文とは前件の事態Pが原因となって結果である後件の事態Qを導くという広い意味での因果関係を表す。

従来の研究では，さまざまな観点から日本語の条件表現の意味特徴を説明してきた。その中では，条件表現のモダリティ[2]について客観性と主観性の度合いに着眼している。次の例を見てみたい。

　〔9〕　春が来れば／来ると，桜の花が咲く。
　〔10〕　わからなければ／わからなかったら，聞いて下さい。
　〔11〕　仕事が終われば／終わったら，うかがいます。

〔9〕は〔7〕で述べてきたように，発話主体が「春が来るとき，いつも桜の花が咲く」という習慣の繰り返しを述べる条件文である。この場合，バとトが使える。〔10〕の場合はバとタラが置き換えられる。

〔10〕の場合，バとタラは，前者は形式的または改まった表現で後者はよりくだけた表現というニュアンスの違いがある。そのため，〔10〕′で示すように，バの場合は敬語の表現と共に使うことが多い。

〔10〕′　わからなければ，お聞きください。

しかし両方とも「仮定的」な意味を表すという点において変わりはない。つまり，発話主体は発話時においてＰの「わからない」が正しい判断かどうかわからないが，わからないと想定してＱの「聞く」という行為を勧めて言い表すのである。このように，従来の研究では，〔10〕のバとタラの形式的およびくだけた意味の違いを客観性と主観性の違いとしばしば指摘されてきた。しかし，次の〔11〕のバとタラの違いは「客観性」と「主観性」の対比という説明のみでは両者の意味特徴を説明するには限界がある。つまり，

〔11〕　a　仕事が終われば，うかがいます。
　　　　b　仕事が終わったら，うかがいます。

において，ａのバとｂのタラは共に，発話主体が「仕事が終わるかどうかわからないが，終わった場合」というＰを想定してＱの「うかがう」という行為を言い表す仮定的な意味である。この場合，確かにａの方が客観的であり，ｂの方が主観的であるという説明がつく。これは確かに上記の〔10〕と同じような説明ができる。しかし，ｂのようにタラを使う場合，「仕事が終わる」は時間の経過に伴い，「完了」という到達点の意味合いも含まれているため，もう一つの読みができる。つまり，Ｑの「うかがう」という行為はＰの「仕事が終わる」の後で行われるというＰとＱの時間的前後関係の意味になる。

以上見てきたように，これらの条件表現は多義性（polysemy）があるため，互いに同様の意味用法が重なったりすることが少なくない。そのため，パーマー（1986）のrealとunrealのみでの説明は十分ではない。また，従来の日本語の研究者の客観性および主観性という観点のモダリティによる説明においても日本語の条件表現のすべての用例には当てはまらないことがある。

本研究では，条件文を発話時点において，発話主体はどのような心的態度を示して条件文を表現するかという認知的モダリティの枠組みで条件表現を

分析している。

3．条件表現の意味と認知的モダリティ[3]

　前節で述べたように，日本語の条件表現の意味特徴を説明するためには，これらの形式は仮定的な意味を表すのか，それとも非仮定的な意味を表すのかを見分けなければならない。つまり，発話の時点において，発話主体の心的態度が事実の領域に属しているのか，それとも非事実の領域に属しているのかということを究明することが先決である。中川（2004）ではこのような心的態度を認知的モダリティと呼び，その下に「因果的関係」，「時間的前後関係」そして「仮定的意味」と下位分類を設けている。そして，これらの表現の典型的な意味特徴をプロトタイプと呼んでいる。なお，パーマー（1986）がいう英語の conditionals の real と unreal はすべて中川（2004）でいう非事実（irrealis）の領域に入っているのである。したがって，事実（realis）の領域にも入っている日本語の条件表現は非仮定的な意味をも表し，幅広く使われる表現である。

4．条件表現のプロトタイプ[4]

　中川（2004）では日本語の条件表現は「因果的関係」，「時間的前後関係」そして「仮定的意味」という典型的な意味特徴を表すことを明らかにし，これらの典型的な意味特徴を「プロトタイプ」と呼んでいる。これらの典型的な意味特徴または「プロトタイプ」はどのようなものなのかを以下にまとめる。

(1)「因果的関係」プロトタイプ
　日本語の条件表現の意味特徴の一つは因果的関係である。これは自然現象，社会法則の一般的事態または個別的事態の反復，習慣を表す。この場合，Pの事態が起こるたび，常にQの事態が起こるという関係にありPとQ

は時空間を超えて成り立つ因果的関係を表す。多く使われるのはバとトという形式である。先の〔9〕はこの意味特徴を表すのである。

〔9〕　春が来れば／来ると，桜の花が咲く。
〔12〕　この薬をのめば／のむと，治る。
〔13〕　×この薬をのめば，悪くなります。
〔14〕　長くマウスを使うと，肩が痛くなる。
〔15〕　沸騰すると，どうなりますか。
〔16〕　×沸騰すると，どうしますか。

バとトは因果的関係のプロトタイプをもっているのが共通しているが，バは論理的であり，トは実際的であることは古くから説明されてきた。〔9〕と〔12〕のバとトの違いはこのような説明が当てはまる。ところが，〔12〕と〔13〕を見てわかるように，バとトは時空間を超えて一般的因果関係を表すが，バは物事のあり方の道理という意味特徴をもっている。つまり，バのQはPの当然の結果が予想されるという意味合いが含まれるため，期待しない「悪くなります」はQの結果として言いにくい表現になってしまう。一方，〔14〕のトは単なるPとQの原因と結果を結び付ける働きをもっているため，「肩が痛くなる」というようなマイナス的な結果が起こりうる。この点において，状態について聞かれるため，自然な条件文になる。つまり，意志が伴わない「なる」という表現を使うことができる。そのため，〔16〕の「どうしますか」のように，意志が含まれる場合は，不自然な文になってしまうのである。これは，トは主観性が入る余地がない命題的内容（忠実に述べられる内容）を表す因果的関係というプロトタイプをもっているからである。

(2)「時間的前後関係」プロトタイプ

これは過去において起こった出来事であり，発話主体はその過去の出来事について述べる。あるいは，これから実現する事態であるが，発話主体はその事態が確実に起こると信じてその命題内容を述べる。この場合，Pは時間の経過に伴って実現してQが起こるという時間的前後関係を指し示す。中川(2004)では「時間的前後関係」および「発見」などの過去の出来事につい

て述べる条件文はすべて「時間的前後関係」プロトタイプに属するとしている。

〔17〕 仕事が終わったら，うかがいます。
〔18〕 ごはんができたら，呼びます。
〔19〕 ×ごはんができると，呼びます。
〔20〕 駅に着いたら，電話をください。
〔21〕 ×駅に着けば，電話をください。
〔22〕 鍋に水と固形スープを入れて沸かし，スープが溶けたら，トマトの水煮缶を缶汁のまま加える。
〔23〕 窓を開けると／開けたら，雪が降っていた。
〔24〕 新宿へ行ったら，木村さんとばったり会った。

　〔17〕は状況により，仮定的な意味か時間的前後関係の意味合いを表すのかわかる。この場合，単文だけでは意味の解釈ができないため，それ以外の状況で判断することが必要になる。〔18〕のQは意志の表現であるためタラは使えるが，〔19〕で示しているようにトは使われない。〔20〕のように，Pの事態が起こった後，Qの動作を行うという時間的前後関係の意味を表す場合，タラは使えるが，時空間を超えて一般的因果関係を表すバは，〔21〕で示すように使えない。〔22〕の場合は，調理法の説明で，発話主体は時間が経過している間に，Pの「スープが溶ける」が起こり，その後に「トマトの水煮缶を缶汁のまま加える」というQを順番に行うようにと説明している。この場合も〔20〕と同様，PとQの時間的前後関係を表す。

　〔23〕と〔24〕は共に過去の状況についての発見を表すが，トとタラの違いは，トはPとQが瞬間的に行われたというニュアンスがある。〔23〕の場合，トには瞬間的な意味が含まれている。それに対してタラは意外性の意味が強いという両者のニュアンスの違いがある。〔24〕は発見の意味を表すが，PとQの事態は必ずしも瞬間的に行われたというわけでもない。つまり，発話主体が新宿へ行っている間に木村さんと会った。しかし，行ってすぐ会ったのかについての意味合いがタラには含まれていない。したがって，この場合の発見のタラは使えるが，トは使えないのである。このような発見という意

味を表す場合も，過去の事実について述べる文であるため，本研究では「時間的前後関係」というプロトタイプに属することにしている。ここで指摘しておきたいのは，この種類のプロトタイプは事実（realis）の領域に属しているため，これらの起こると想定している事柄は客体界（時空間の世界）で起こる事柄と重なっている。しかし，条件文は発話主体の想像の世界であるため，条件文の時間と客体界の時空間との間にずれがあると考えられる。

(3)「仮定的意味」プロトタイプ

日本語の「仮定的な意味」は英語の conditionals に相当するものである。つまり，仮定的な意味とは，発話時点において発話主体はPが実現するかどうかはわからないが，これからあるいは将来実現するだろうと想定する。またはPの事態の実現性がないことがわかっているが，Pが実現したと想定してQの事態について述べるという意味を表す。

〔5〕 電話をくれたら，空港まで迎えに行ってあげたのに。
〔8〕 明日晴れれば／晴れると／晴れたら／晴れるなら，みんな海に行くでしょう。
〔11〕 仕事が終われば／終わったら，うかがいます。
〔25〕 時間があれば／あったら，あの映画を見に行きたいですね。
〔26〕 河村さんが参加するなら，私も参加したいですね。
〔27〕 上海へ行くなら，カメラを持っていってください。

〔5〕の場合は過去の「電話をくれる」という事柄が実現したかのようにQの「空港まで迎えに行ってあげる」という事態を想定して言い表す。これは過去のことの後悔を表す条件文であり，実現不可能の非事実の領域に属する「仮定的な意味」の条件文である。この場合の英語は仮定法であり，以下の文となる。

If you had given me a call, I could have gone to see you at the airport.

〔8〕を見ればわかるように，バ，ト，タラ，ナラのいずれも「仮定的な意味」を表すが，それぞれのニュアンスが異なる。前節の「条件表現の多義性」でも触れたように，バとタラは，前者は改まった表現で後者はよりくだ

けた表現というニュアンスの違いがある。また、「因果的関係」プロトタイプでも説明しているように、バとトは因果的関係のプロトタイプをもっているのが共通しているが、バは論理的であり、トは実際的である。これらの条件表現の中で、ナラは情報依存という意味特徴をもっている。つまり、会話の状況の中で、発話主体が情報を得て（相手から得た情報あるいは発話主体が見たり、感じたりすることによる非言語の情報）「あなたがおっしゃったとおりであれば／それが本当であれば」というPを条件としてQの結果を言い表すのである。〔26〕と〔27〕のナラはその例である。たとえば〔26〕の場合、発話主体は相手に何かの活動に参加するようにと勧められて「河村さんが参加する」というPを条件に「私も参加する」という結論を言い表す仮定的な意味の条件文である。また、〔27〕も同様、相手が上海へ行くことを聞いて、発話主体は「上海へ行くなら、カメラを持っていってください」という仮定的な意味を表す条件文を使うのである。このように、ナラは情報依存という特徴がある。また、〔27〕のように、ナラのQはPより先行することが可能である。〔25〕は仮定的な意味を表すが、この場合、発話主体自身に対する時間の有無についての疑問であるため、情報依存のナラは呼応しない。〔11〕のタラの場合は状況によって仮定的か時間的前後関係を表す。

　以上の「仮定的意味」プロトタイプの条件表現はいずれも「非事実」の領域に属している「非命題的内容」であるため、「ね」や「のに」など主観性の高い表現と共に使うことが多い。したがって、このタイプの条件文は客観性の強い他の「因果的関係」プロトタイプおよび「時間的前後関係」プロトタイプと比べると、より複雑な構文をもつ。以下の例を比較してみよう。

　〔7〕　春が来れば、桜の花が咲く。　「因果的関係」プロトタイプ
　〔17〕　仕事が終わったら、うかがいます。　「時間的前後関係」プロトタイプ
　〔23〕　窓を開けると／開けたら、雪が降っていた。　「時間的前後関係」プロトタイプ
　〔5〕　電話をくれたら、空港まで迎えに行ってあげたのに。　「仮定的意味」プロトタイプ

第 5 章　条件表現と条件文

　以上の〔7〕と〔17〕と〔23〕はすべて「事実」の領域に属しているため,「命題的内容」の条件文である。そのため,「ね」などモダリティ性の高い表現がつきにくい。これに対して,〔5〕は「非事実」であり,「非命題的内容」の条件文であるため,発話主体が後悔している気持ちを表す「のに」のようなモダリティ性の高い表現が共に現れやすい。

5．条件文の論理構造[5]

　「条件表現の多義性」で触れたように,条件文とは前件の事態Ｐが原因となって結果である後件の事態Ｑを導くという広い意味での因果関係を表す。以上見てきたように,日本語の条件表現は多義性をもっているため,お互いの意味用法が重なる場合がある。たとえば,バは〔7〕のように一般的因果関係を表す場合もあるが,〔8〕のように個別的事態の仮定的な意味を表す場合もある。バは論理性が強いため,「春が来れば,花が咲く」は「春が来なければ,花が咲かない」という裏の意味がある。

　このように,条件文のＰとＱの広い意味での因果関係は,「因果的関係」,「時間的前後関係」そして「仮定的意味」というさまざまな意味を表すのである。実は,これらの前後関係が条件文の論理構造を成しているため,中川(2006)では,日本語の条件文の論理構造を「因果的論理構造」,「時間的論理構造」そして「仮定的論理構造」と分類している。条件文にはさまざまな曖昧さや裏のニュアンスがあることから,内部と外部の二重構造が存在しているとしている。そして,発話時点の状況により,内部構造から一つのみの意味が選ばれ,外部構造に連動して表されるとしている。たとえば〔17〕をもう一度見てみよう。

　　〔17〕　仕事が終わったら,うかがいます。

　〔17〕のＰの「仕事が終わる」について,発話時点において,発話主体が「仮定的意味」あるいは「時間的前後関係」という心的態度を示して言い表すのかはそのときの状況によるものである。もし,そのときの仕事はほぼ終了という状況である場合,発話主体の心的態度は「時間的前後関係」を示し

て話している。もし仕事の内容が難しくて量も多い場合，おそらく発話主体の心的態度は「仮定的意味」を示すに違いない。その状況によって内部構造に存在しているタラの「仮定的意味」あるいは「時間的前後関係」のどちらかが選ばれ，外部構造に連動すると考える。したがって，タラにおける条件文の論理構造は以下のような図式になる。（内部構造に存在している二つのプロトタイプの中から外部構造に一つ選択される場合のみ「⇒」で示す。図式の［　］は内部構造を示し，［　］の外側は外部構造を示す。）

　　状況（context）が前提
　　Pタラ，［Pタラ，Q（仮定的）／（時間的）］Q⇒（仮定的）／（時間的）

6．状況またはコンテクスト（context）

　日本語の条件文は二重構造のため，文の意味が重なって曖昧になることがある。文内のさまざまな要素や発話時点における状況によりこの曖昧さを除去することができると考える。本章では，全体の状況をコンテクストと呼ぶ。本章では便宜上，単文の構文内の状況を構文コンテクスト，そして単文以外の状況を談話コンテクストと呼ぶことにする。それぞれは以下のようである。

（1）構文コンテクスト
　本章で言う構文コンテクストとは，時制など構文[6]に内在する義務的な意味成分と構文内の「だろう」というようなモダリティを表す形式や副詞などの随意的意味成分を含む文内に現れる言語的要素を意味している。たとえば，
　〔28〕　値段が安ければ，いつもたくさん買います。
　〔29〕　私は時間があれば，よく映画を見に行く。
〔28〕と〔29〕は動作の繰り返しを表す「いつも」や「よく」という副詞が構文内にあることによって構文コンテクストで因果的論理構造の条件文と解釈することが十分できる。次の例がある。

〔30〕　この道は雨が降ると，悪くなるだろうな。

〔30〕のトは，個別的事態で「仮定的な意味」を表す。しかし，文末の「だろう」のような非命題的モダリティを除くと，一般的事態の因果的論理構造の条件文になる。

以上見てきて，個別事態のPとQが「因果的関係」を表すためには，「繰り返し」の意味を表す「よく」，「いつも」のようなことばが要因であることがわかった。これらのように構文内にある副詞や文末の「だろう」などのモダリティ表現が現れる場合，一つの意味解釈が容易にできる条件文を構文コンテクストの条件文と呼ぶ。

(2) 談話コンテクスト

談話コンテクストは構文あるいは単文の外からの言語的および非言語的情報を意味している。言語的情報は聴き手の発話による情報という意味であり，非言語的情報は発話時点において，聴き手から得た非言語的情報や周囲の状況を意味する。

〔31〕　A：森さんはよく映画を見に行きますか。

　　　　B：ええ，時間があれば，見に行きます。

〔31〕のAの発話には頻度を表す「よく」があるため，Bのバは習慣の因果的論理をもっている条件文になるのである。〔31〕のBの「時間があれば，見に行きます」が「因果的論理構造」の条件文であることがわかるのは，Aの発話の中で「よく」という頻度を表す副詞が使われているため，それに対するBの答えは構文上は「よく」が現れていないが，深層構造[7]では「私は時間があれば，よく映画を見に行きます」という構文になっているはずであるからである。これは，自然言語における普遍的な言語現象である。つまり，会話中の表現が旧情報になった場合，省略されることがあることである。したがって，Bのような条件文は談話コンテクストによって解釈する必要がある。以下の〔32〕は〔17〕と同じような曖昧さをもっているが，談話コンテクストによってその曖昧さを除去することができる。

〔32〕　山田：木村さんは来るんですね。待っていますよ。

　　　　　木村：ええ，仕事が終わったら，すぐ行きます。
〔32〕では，「すぐ」という構文コンテクストだけでは，意味の曖昧さを除去することはできないため，談話コンテクストの手がかりが必要となる。この場合，山田は木村が「来ること」が確実に実現すると信じているため，Qの「すぐ行きます」は，Pの「仕事が終わる」が起こった後に起こる事態という「時間的前後関係」の意味を表すと解釈できる。
　談話コンテクストの他の例を見てみよう。
　〔33〕　A：ビールを買ってきます。
　　　　　B：ビールなら，生がいいですね。
〔33〕のBはAから「ビールを買う」という情報を得た。Bはこの情報に基づいて仮定的な意味を表す条件文を言い表すのである。このような情報依存の場合はナラしか使えない。

7．日本語教育の観点から見た条件表現

　本章では，日本語教育の観点から，日本語の条件表現と条件文をいかに説明するべきかという日本語教授法の手順を提案する。ここでいう教授法とは，対象となる「条件表現」の言語表現についてのいわゆる狭い意味での教授法とする。言語教育の観点から見ると，条件文の説明においては，条件表現と条件文の意味および条件文の構文を説明することが必要である。意味と構文に着目した説明の基本を以下にまとめる。

(1) 条件文の意味から見る教授法

　条件文は表層構造における構文から見ると，二つの節から成り立つため，複文になる。しかし，深層構造にある意味から見ると，文は命題またはproposition（感情を除く内容）と非命題（感情を含む内容であり，モダリティともいう）という二つの要素から成る。
　カッツ（Jerrold Katz 1977）は，変形文法の立場に立ち，文の意味と意味構造を分析している。カッツは自然言語において，proposition（命題内容）

というのは文の意味であり，コミュニケーションの基本単位であることを指摘している。そして文は次の二つの要因によって特徴付けられると説明している。

① Propositional Content
② Propositional Type

カッツは以下の〈1〉と〈2〉の例を挙げ，propositional content と propositional type について次のように説明している。

〈1〉 Someone eats the cake.
〈2〉 Who eats the cake?

〈1〉と〈2〉は誰かがケーキを食べるという内容について共通している。しかし，文のタイプが異なる。前者は肯定文であり，後者は疑問文である。

以上の発話行為論の文の意味の捉え方は，その後さまざまな言語学者による研究が進み，文の意味は proposition（命題）と modality（モダリティ）という二つの要素から成るとされている。

本章では，文を，発話主体が客観的に事態を述べる「命題的文（propositional sentence）」と，発話主体が主観的に事態を述べる「非命題的文（non-propositional sentence）」に分類する。また，条件表現の意味は，発話時に発話主体が事実または非事実に対して心的態度を示す認知的モダリティが決め手であると考え，条件文のPとQの論理構造は，「事実にある命題」に時間的論理構造と因果的論理構造があり，「非事実にある非命題」には仮定的論理構造があると分類する。したがって，前者は，たとえば「春が来れば，花が咲く」で「命題的文」に属しており，後者は，たとえば「あなたが行くなら，私も行く」で「非命題的文」になる。

本章では，より客観的な事実を述べる「命題的文」から主観的な事態を述べる「非命題的文」へという，言語教育理論の「易から難へ」の順で教える方法が効果的な教授法であると考える。したがって，意味の説明の基本は，以下の①から③という順で行うこととする。

1）命題的文（Propositional Sentence）
　①「因果的関係」プロトタイプ

〔9〕　春が来れば／来ると，桜の花が咲く。
〔14〕　長くマウスを使うと，肩が痛くなる。
②「時間的前後関係」プロトタイプ
〔6〕　駅に着いたら，電話をください。
〔23〕　窓を開けると／開けたら，雪が降っていた。
2）非命題的文（Non-propositional Sentence）
③「仮定的意味」プロトタイプ
〔5〕　電話をくれたら，空港まで迎えに行ってあげたのに。
〔8〕　明日晴れれば／晴れると／晴れたら／晴れるなら，みんな海に行くでしょう。

(2) 条件文の構文から見る教授法

　前節で説明したように，条件表現の多義性は条件文には二重の構造が存在していることによっている。それは仮定的と非仮定的な意味が内部構造に含まれるために，これらの形式の意味特徴を見るためには，使用されている表現が「命題的文」の因果的関係や時間的前後関係と「非命題的文」の仮定的意味のいずれであるかを究明することが先決なのである。前述のように，命題的文と非命題的文は「構文コンテクスト」で検討することができるが，曖昧な意味をもつ条件文の場合は「談話コンテクスト」により解釈することが必要となってくる。

　日本語教育において，条件文を導入する場合，単文である構文コンテクストの段階から文章になる談話コンテクストの段階へという順で教育を行わなければならない。つまり，より簡単なものからより複雑なものへという教授法が，よりわかりやすく効果的な教授法に繋がると考える。したがって，以下で示すように，Aの段階はBの段階より早い時期に行わなければならない。そして，各段階内では①から③という順で行うものとする。

A．構文コンテクストの段階
　①「因果的関係」の条件文：バ，ト
　　〔9〕　春が来れば／来ると，桜の花が咲く。

〔14〕　長くマウスを使うと，肩が痛くなる。
②「時間的前後関係」の条件文：ト，タラ
　〔6〕　駅に着いたら，電話をください。
　〔23〕　窓を開けると／開けたら，雪が降っていた。
③「仮定的意味」の条件文：バ，ト，タラ
　〔5〕　電話をくれたら，空港まで迎えに行ってあげたのに。
　〔8〕　明日晴れれば／晴れると／晴れたら／晴れるなら，みんな海に行くでしょう。
B．談話コンテクストの段階
①「因果的関係」の条件文：バ（習慣など因果的関係を表す「よく」，「いつも」）
　〔30〕　A：森さんはよく映画を見に行きますか。
　　　　　B：ええ，時間があれば，見に行きます。
②「時間的前後関係」の条件文：タラ
　〔17〕　仕事が終わったら，うかがいます。
③「仮定的意味」の条件文：タラ，ナラ
　〔17〕　仕事が終わったら，うかがいます。
　〔33〕　A：ビールを買ってきます。
　　　　　B：ビールなら，生がいいですね。

　以上見てきたように，日本語教育において，条件表現および条件文を説明するためには，深層の意味論的段階の「因果的関係」と「時間的前後関係」にある「命題的文（propositional sentence）」から「仮定的意味」にある非命題的文（non-propositional sentence）へという順と，表層の構文A段階の「構文コンテクスト」からB段階の「談話コンテクスト」へという順の教授法が基本になることがわかった。これらの横軸の意味論的段階と縦軸にある表層の構文の順を同時に考慮に入れる必要がある。ここで指摘しておきたいのは，たとえば，〔17〕「仕事が終わったら，うかがいます」のように，「仮定的な意味」なのか，または「非仮定的な意味」なのかを判断するのに，表層にある状況の中で語用論的[8]判断が必要である。したがって，意味的段階で

はなく，構文の「談話段階」で教えることになるわけである。ナラの条件文は情報依存であるため，同様の理由で，構文の「談話段階」で教えた方が効果的であると思われる。

　以上の認知的モダリティ（心的態度）の「命題領域」にある「命題的文」から「非命題領域」にある「非命題的文」への深層レベル（意味論的なレベル）および構文コンテクストから談話コンテクストへという表層レベルは以下の図で示すように，横軸では，左側にある「命題的文」のより客観的な事柄から右側にある主観的な事柄である「非命題的文」へ，そして縦軸では，易の「構文コンテクスト」から難の「談話コンテクスト」へと順番に進んでいくというのが，条件表現における教授法の基本であると考える。

	Cognitive Modality（認知的モダリティ）			
	100% ← Realization			0 %
	Past	Trancendency/Future	Present/Future	Present/Past
	Realis（事実）		Irrealis（非事実）	
			Possible	Impossible
	Non-Conditional（非仮定）		Conditional（仮定）	
	Propositinal Domain（命題領域）		Non-propositional Domain（非命題領域）	
	発見	因果的関係 時間的前後関係	仮定的：可能	仮定的：不可能
	ト，タラ	バ，ト，タラ	バ，ト，タラ，ナラ	タラ…のに，ト…のに

「談話コンテクスト」難 ↑ 「構文コンテクスト」易
（表層レベル）

客観的な事柄 ――――――――→ 主観的な事柄
「命題的文」　　　　　　　　「非命題的文」
Propositional　　　　　　　Non-propositional
Sentence　　　　　　　　　Sentence

（深層レベル）

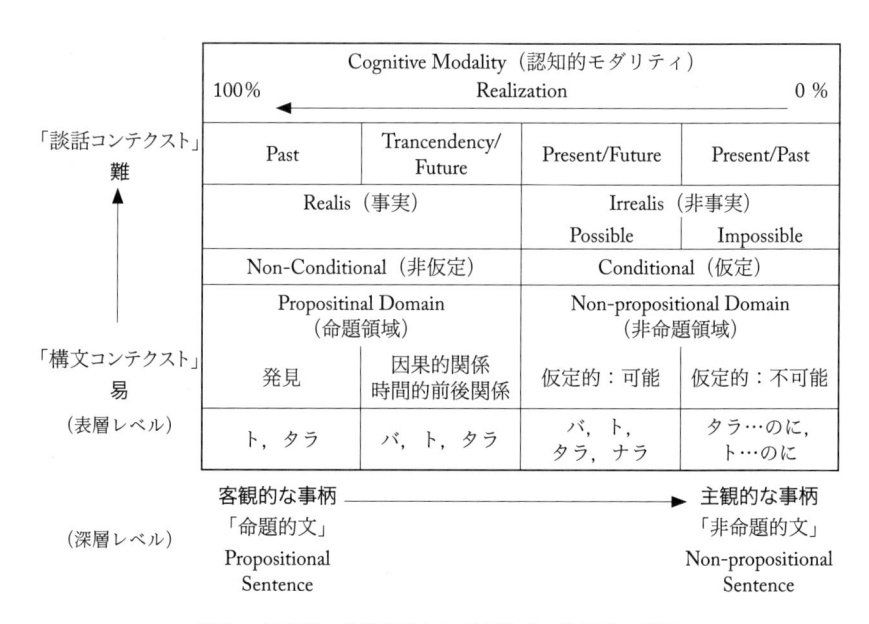

図1　日本語の条件表現および条件文の教授法の段階

結　論

　日本語の条件文は内部および外部という二重の論理構造をもっているため，それぞれの条件表現が多義性（polysemy）をもつものになる。そのため，日本語教育においてこれが問題点の一つとなっている。本章では日本語教育学の観点からこれらの条件表現および条件文の説明をするための教授法を提案した。それは深層にある意味から表層にある条件文の構文を検討することによる。条件表現の意味とは，「因果的関係」，「時間的前後関係」そして「仮定的意味」という発話時点における発話主体の認知的モダリティである。深層構造の意味から見ると，条件文は「内部構造」および「外部構造」というPとQの論理構造をもっている。これらの意味の二重構造のため，条件表現と条件文の多義性が発生するのである。それが条件文の意味の曖昧さの原因となっている。

　本章の分析結果によりわかったことは，日本語の条件表現および条件文の教授法とは，「条件文の意味」および「条件文の構文」という深層構造および表層構造の統括的な枠組みで説明を行うことが必要であることである。すなわち，条件表現および条件文の「因果的関係」と「時間的前後関係」の「命題的文（propositional sentence）」から，仮定的意味の「非命題的文（non-propositional sentence）」へ，そして，構文を見る場合，Aの「構文コンテクスト」からBの「談話コンテクスト」へという教授法が，基本であることが明らかになった。

※本章の一部は2009年7月13日～16日にオーストラリア，シドニーにて開催された「2009年度豪州日本研究大会・日本語教育国際研究大会（JSAA-ICJLE 2009）」において「条件表現——意味から教授法へ」というテーマで口頭発表したものに基づいたものである。

注

1　本章で扱っているバ，ト，タラ，ナラは，前件のPが後件のQの順当な原因・理由になっているものであるため順接の条件表現である。「ば」と「と」は助詞であるが，条件文のバとトの場合，PとQの二つの文を結びつける役割を果たすため，接続助詞

となる。タラは過去を表す助動詞の「た」にラが加わってタラになるものであるため、「た」と同様、助動詞である。ナラも「だ」という助動詞の仮定形であるため、助動詞のままである。また、条件文を見ると、前件のPの文や句がQに起こる事態のきっかけや原因となっているため、本章では、Pは条件文全体の副詞的な働きをもっていると捉えている。

2　モダリティとは話者または発話主体の気持ちあるいは態度の部分を指す。一般的には客観的あるいは主観的な態度を示すことが多い。

3　本研究では条件表現および条件文を説明するためには一般的にいう客観性と主観性の意味でのモダリティのみではなく、事実および非事実を示す発話時の発話主体の心的態度というモダリティをも考慮に入れる必要がある。本研究ではこういったモダリティを認知的モダリティと呼んでいる。

4　本研究で言うプロトタイプは表現の典型的な意味特徴を意味する。

5　本研究で言う論理構造は「論理学」の意味ではなく、自然言語における条件文のPとQの前後関係を意味する。

6　本章で言う「構文」とは状況などを考慮に入れて実際の社会においてどのように使用されるかという構文を意味する。つまり、本章で言う「構文」とは、形式主義の研究での構文ではなく、機能主義の研究での構文を意味する。

7　「深層構造」および「表層構造」はアメリカ人の言語学者チョムスキー（N. Chomsky, 1928–）が1955年より始めた「変形文法」（のち「生成文法」と呼ぶようになった）の用語である。『言語学大辞典』第6巻によると、深層構造は書き換え規則によって生成された文型に語彙を挿入して生じる記号列である。つまり、現実の文の背後にあると考えられる原型的な構造である。これに対して、さまざまな変形規則が加えられて、現実の文の語順などが確定する段階を表層構造と呼ぶ。

8　語用論は発話の意味・形式を、状況など（context）の諸要素との関連で研究する分野である。つまり、人間が言葉を用いてコミュニケーションを行っているとき、話し手は、場面や文脈、既存の知識など、広い意味でのコンテクストと呼ばれるさまざまな情報を考慮し、ある意図（intention）をもって言葉を発することを研究する分野である。

参考文献

Brown, Gillian and Yule, George, 1983, *Discourse Analysis*, Cambridge University Press, Cambridge.
蓮沼昭子他、2001、『条件表現 日本語文法セルフマスターシリーズ7』くろしお出版
亀井孝他、1995、『言語学大辞典 第6巻：術語編』三省堂、p. 1227
亀山恵、1997、「談話分析の基本概念」『言語の科学 第7巻：談話と文脈』岩波書店、pp. 95–121
Katz, Jerrold, 1977, *Propositional Structure and Illocutionary Force*, New York: Crowell.
Nakagawa, Saowaree, 2001, Propositional and Contextual Sentence: A Methodology for Teaching Grammar, *NUCB Journal of Language, Culture and Communication* Vol. 3, pp. 99–103.
中川サワリー、2004、「日本語とタイ語の条件表現―認知的モダリティ―「因果的」「時間

的」「仮定的」プロトタイプ」『名古屋大学言語学論集』19巻, pp. 95-135
中川サワリー, 2005, 「日タイ語における条件表現――意義素の内部構造」『名古屋大学言語学論集』20巻, pp. 19-47
Nakagawa, Saowaree, 2005, The Logical Constructions of Conditional Sentences and the Functions of Conditional Expressions: A Contrastive of Japanese and Thai, *SEALS XV Papers from the 15th annual meeting of the Southeast Asian Linguistics Society*. Edited by Paul Sidwell, Pacific Linguistics, pp. 41-49.
中川サワリー, 2006, 「条件表現における論理構造」『名古屋大学言語学論集』21巻, pp. 9-32
Palmer, F. R., 1986, *Mood and Modality*, Cambridge University Press, p. 189.
生活クラブ連合会, 1998, 『うちのおかず』成美堂出版, p. 72
髙見健一・久野暲, 2006, 『日本語機能的構文研究』大修館書店
『英検準 2 級教本』旺文社, 2009, pp. 92-93

第6章

毒蛇・蛇毒と免疫

櫻井秀樹

　爬虫類のうち，蛇は特になぞが多く，研究対象としてたいへん興味深い存在である。蛇のことを知りたいと思い追いかけていたら，いつの間にか免疫学という堅苦しく，難しい勉強をすることになった。なぜ，蛇と免疫学が結びつくのかは後で理解していただけると思う。

　今，免疫学は，多剤耐性菌の院内感染，エイズなどの免疫不全，臓器移植による拒絶反応，アレルギー，がん，自己免疫疾患など多くの課題を抱えており，これらの病気を理解するうえで必須の考え方になっている。つまり裏を返せば，私たちがどのように健康を保ち，維持すればよいかを考える知識にもなる。

1. 毒蛇について

(1) 毒蛇の種数と日本の毒蛇

　世界には，人がその毒蛇に咬まれた例のない，有毒無害な種まですべて含めれば，毒蛇は450～650種，毒腺と毒牙を持つ蛇を毒蛇とする定義に従えば300～380種までしぼられる。医学・疫学的な立場から，人が毒蛇に咬まれ，症状を起こすことを毒蛇咬症という。毒蛇咬症の観点から人に有毒有害な毒蛇は200～250種に分類されることが多い。

　日本に生息する有毒有害な毒蛇は陸棲の蛇類で6種，南西諸島のハブ，サ

キシマハブ，トカラハブ，ヒメハブの4種と北海道，本州，四国，九州に分布するニホンマムシ（以下，単にマムシという），本州，四国，九州に分布するヤマカガシがいる。

ウミヘビ類はエラブウミヘビ，ヒロオウミヘビ，アオマダラウミヘビ，イイジマウミヘビ，セグロウミヘビ，マダラウミヘビ，クロガシラウミヘビ，クロボシウミヘビ，トゲウミヘビなどが知られ，これらの多くが強毒を持ち，ウミヘビ咬症による死亡例が報告されている種もある。

有毒無害な種には南西諸島に分布するヒャン（奄美本島），ハイ（徳之島，沖縄諸島），イワサキワモンベニヘビ（石垣島，西表島），ガラスヒバア（奄美・沖縄諸島），ミヤコヒバア（宮古群島），ヤエヤマヒバア（八重山諸島）といった毒蛇がいる。ガラスヒバア，ミヤコヒバア，ヤエヤマヒバアは無毒とする場合もある。

(2) 毒蛇はなぜ毒を持つのか

なぜ，毒蛇は毒を持つのか。その蛇の食性と捕食行動をみると一つの答えが見えてくる。

アオダイショウは，餌となる鳥類やねずみに咬み付くと同時に巻きつき，強い力で締めつけ，獲物を窒息させてから，ゆっくりとのみこんでゆく。このタイプの蛇は筋肉が発達する大型種に多い。サキシマアオヘビはミミズを専門的に食べる蛇である。蛇にとってミミズのように食べやすい餌は巻きついてしめることなく，そのままのみこむことが多い。

これら無毒蛇と以下に述べるマムシ，ハブ，ヤマカガシのような毒蛇は捕食方法が大きく異なっている。

マムシは餌のカエルなどに咬み付くと，すぐに離れ，獲物が毒作用で動かなくなってからのむ。ハブも同じであるが，すでに死んだネズミを餌で与えた場合，そのままのむこともある。ヤマカガシは主にカエルを餌にしているが，マムシのように獲物に毒を打ち込んで待つのではなく，咬み付いてからそのままのむ。大型のヒキガエルは，逃れようと暴れて，息を吸い込み体を膨らませるが，ヤマカガシは口腔内の奥にある大きめの歯を立て，ヒキガ

エルの皮膚に穴を開けしぼめてしまう。その歯の付け根に耳下腺に相当するデュベルノイ腺があり，そこで分泌される毒をヒキガエル体内に注入する。

蛇の捕食行動を観察してみると，蛇毒は手足のない蛇が安全で確実に効率よく餌を獲得するために発達させてきた武器で，それが外敵から自分の身を守る防衛手段にもなっているという見方ができる。

(3) 毒蛇とのコミュニケーションと毒蛇咬症

イルカのように知能の高い動物や，ウマやイヌのように家畜化され温厚な動物は，ある程度人間とのコミュニケーションが可能である。近年は，これらの動物たちと交流するアニマル・セラピーの研究が盛んである。ペットのミドリガメも飼育するうちに，人が近づけば寄ってくるようになるが，一種のコミュニケーションといってよいかもしれない。

では，毒蛇と人間のコミュニケーションはどうだろう。

蛇使いがコブラ相手に，笛の音にしたがって前後左右に躍らせる様子は，まるでコミュニケーションがとれているかのように見える。しかし，これは，蛇使いがコブラの攻撃範囲ぎりぎりのところに座り，笛の動きで操っているだけで，笛の音は関係ないという。蛇使いがコブラの攻撃範囲に入れば咬まれてしまうに違いない。

20年ほど前，とある県でペットとして飼われていた小型のガラガラヘビに，飼い主が咬まれたという話を聞いたことがある。毒蛇に咬まれたとき治療に使う，「血清」と呼ばれる薬は，マムシにはマムシ血清，ハブにはハブ血清というように，それぞれの毒蛇に対応した血清が準備される。日本に自然分布していないガラガラヘビ血清は，どこの病院にもなかったが，群馬県の日本蛇族学術研究所に準備されていたため，患者は大事に至らずに済んだそうである。

ガラガラヘビ，マムシ，ハブなどは目と鼻腔の間に1対のくぼみが見られる。これは，赤外線感知器官で，ピットオルガンと呼ばれる。ピットオルガンによって，周囲と対象物のわずかな温度差を捕らえることができるので，これらの毒蛇は，暗闇でも獲物や外敵の位置や大きさまで知ることができる

という。ピットオルガンを持つ毒蛇は視覚，嗅覚以上に鋭敏な感覚で情報を入力し，獲物や外敵が自分の射程距離内に入ると直ちに咬みつく。このような毒蛇と私たちは友好的なコミュニケーションは不可能である。

　ガラガラヘビは尾部先端の発音装置を使い，大きな音を出す。この音は「ガラガラ」というよりは「シャーシャー」，「ジージー」などと聞こえる。ガラガラヘビからすれば，一度毒を使うと，補充に時間が必要になるので，それまでは餌を得ることが困難になる。だから，むやみに毒を使いたくないはずであり，警告音はガラガラヘビが「近づくな！」という合図である。

　ハブやマムシのような毒蛇も，人間が近づけば逃げていくが，追い込まれると頭を上げ，体をS字に曲げて攻撃姿勢をとる。このポーズにこちらが気づき，近づかなければ咬症は起こらない。多くの場合，毒蛇の存在に気づかず，人間がうっかり近づいてしまったとき，不幸にして毒蛇咬症が起こる。

2．蛇毒について

（1）蛇毒の成分

　蛇毒を構成する化学成分の3分の2は水分で，残りの大部分はタンパク質である。タンパク質も単一のものでなく数十種類含まれ，それぞれが異なる性質を持ち，様々な反応を引き起こす。

　タンパク質は，アミノ酸が数十個から数百個つながった鎖が折りたたまれ，立体構造を持つことで生理作用を示す。タンパク質をつくるアミノ酸は20種類あるが，アミノ酸の数と種類，並び方や立体的構造の違いによって，蛇毒毒素になり，牛肉や豚肉，ヒトの体をつくる多くの部品などの多様なタンパク質になる。

　蛇毒に含まれるタンパク質のほとんどは酵素で，蛇毒は酵素の宝庫といわれる。これまでに約25種類の酵素が分離されているが，どの蛇毒にも含まれる酵素はそのうち10種類ぐらいである。中でも組織タンパク質を破壊するタンパク質分解酵素，筋肉や神経を破壊するホスホリパーゼは，ほとんどの有毒蛇の毒に含まれている。

ヒアルロニダーゼ，コラゲナーゼは細胞間物質，結合組織のコラーゲンを破壊し，獲物の体に毒が早く回るようにする酵素である。このような酵素の存在によって，個々の酵素が複合的に働くとき，各酵素の作用を単に足し算した合計の効果を示すのではなく，より強い毒性を現すようになる。

蛇毒の毒素には酵素以外のタンパク質やペプチド毒素，他にも多くの有機・無機成分が含まれており，これらの成分は毒蛇の種によって異なっている。

(2) 蛇毒の作用

蛇毒は，たくさんの成分が溶け込んだスープのようなものである。成分一つ一つの性質はわかっていても，それらが合わさったときにどのような作用が現れるか，それはあまりに多くの要素が複雑にからまってくるので，蛇毒の作用についてはわからないことが多い。

蛇毒の作用について今わかっているものは，次の三つに大別できる。

①凝血・溶血毒（血液に作用する毒）

通常，小さな怪我で出血したとしても，傷口で血は自然に固まる。これは凝血といい，血液中の多くの凝固因子，酵素，タンパク質が関与する生理作用である。この凝血に影響を与える毒素が数多く知られている。

その作用は，一部のクサリヘビ毒では凝血を促進し，循環器系全体に血栓をつくる場合と，一部のコブラ科の毒のように凝血を阻害し，血液凝固を妨げる場合がある。そして，そのどちらともいえず，結果的に凝血を阻害するという複雑な作用を持つヤマカガシ毒がある。

ヤマカガシ咬症患者の記録を読むと，咬症部位や咬症部位とは関係のない古傷や歯茎などからの出血が激しく，出血時間の延長，血尿などの症状を起こしていることから，ヤマカガシ毒は凝血を阻害していると思われるが，実は逆の，凝血促進作用である。

血漿中のフィブリノゲンというタンパク質が，トロンビンという酵素によって非水溶性のフィブリンになり，これが血液中の血小板などを絡めて固まるのが凝血のしくみである。傷口を一時的にふさいで，欠損した組織を修

復するまでの応急処置的な働きをする。

　ヤマカガシ毒がヒトの血中にはいると，トロンビンがなくてもフィブリノゲンをフィブリンにする。これは凝血促進作用のようであるが，このフィブリンはトロンビンによってできたものより分子が小さく，性質も違うため，すぐに除去されてしまう。その結果，本来必要な量の血中フィブリノゲンが消費され，血液凝固が阻止されてしまうため，出血が止まらなくなる。

　また，血液への作用に関して，赤血球膜を壊し，ヘモグロビンを溶出させる溶血毒はほとんどの毒蛇の毒に含まれている。

②神経毒（神経系に作用する毒）

　神経細胞は，神経細胞体と神経細胞体から伸びる神経突起からなる。樹状突起は情報の入力路で，軸索は出力路，神経細胞は刺激を受け，興奮すると活動電位を発生し，刺激は電気的信号に変換される。この電気的信号がほかの神経細胞や筋肉などに伝わる。

　ある神経細胞で生じた興奮（活動電位）は，神経の末端までくると神経伝達物質を介して次の神経細胞に化学的に伝えられる。1本の神経細胞を電気信号が伝わる「興奮の伝導」に対し，神経細胞から神経細胞へ神経伝達物質が興奮を伝えることを「興奮の伝達」という。

　興奮の伝達の場となる神経と神経の接合部はシナプスという。シナプスでは神経と神経は完全につながっておらず，シナプス間隙というわずかな隔たりがある。神経と筋肉との接合部も同様の構造がみられ，神経細胞と筋肉の接合部は終板と呼ばれる。

　神経伝達物質の種類は数多くあるが，神経―筋接合部ではアセチルコリンが興奮伝達を行う。正常ならば，軸索終末から放出されたアセチルコリンが，筋肉細胞の細胞膜上にあるアセチルコリンレセプターに結合し，脳からの指令が伝えられ，筋肉の運動を起こす。

　神経毒は次の二つの作用機序により，脳からの刺激が筋肉に伝えられなくするため，筋肉の麻痺が生じることになる。

　アマガサヘビ毒は軸索末端に作用して，アセチルコリンを含んだ小胞を破壊し，アセチルコリン放出を一時的に促進させる。それで，筋肉は一時的に

激しく収縮し，けいれんが生じるが，アセチルコリンが消費されてしまうので，やがて神経伝達ができなくなり，麻痺の状態に陥る。

　また，コブラ毒は，軸索末端から放出されたアセチルコリンが結合する筋肉細胞表面のアセチルコリンレセプターに強い結合力を持っている。したがって，神経から放出されたアセチルコリンが結合できなくなってしまい，筋肉の麻痺が生じる。

③出血・壊死毒（血管を破壊し，筋肉を溶かす作用を持つ毒）

　ハブ，マムシの毒は，咬症部位の激しい出血と壊死，咬まれた直後から激しい痛みに襲われることがよく知られている。出血毒は，タンパク質分解酵素が毛細血管壁を破壊し，血液が血管外に流出するため，咬症部位が腫脹する。壊死毒は筋肉を壊死させる毒素で，これは酵素ではなく，比較的分子の小さいタンパク質であることがわかっている。

(3) 蛇毒の強さ

　生体に対する作用の仕方が違う蛇毒を強い，弱いというには共通の指標として蛇毒の致死性を比較する方法がある。これは，マウスやラットを用いた実験により，半数致死量（50％致死量，LD 50＝Lisal Dose 50）を算出することで調べられる。

　仮にマウスを10匹ずつ五つの群に分けたとする。各群のマウスに，調べようとする蛇毒を，用量を変え投与し24時間の観察をする。10匹中，5匹が死んだ群の投与量が半数致死量である。

　表1に各種蛇毒の半数致死量を示した。神経毒は，同じ毒量で出血・壊死毒よりも強いといえる。この表はいくつかの文献を参考に作成しており，ヤマカガシ毒は他と実験条件が大きく異なっているため，他の蛇毒と比較すべきでないが，ハブ，マムシの毒より強いことは明らかである。

表1　蛇毒の毒作用の分類と半数致死量

蛇　毒	主たる毒作用	20gのマウス1匹あたりのLD50（μg）			
		静脈	腹腔	皮下	筋肉
ハブ毒 サキシマハブ毒 トカラハブ毒 ヒメハブ毒 ニホンマムシ毒	出血・壊死毒	61.0 92.0 214.0 180.0 19.5	80.0 95.0 300.0 26.4	265.0 440.0	95.0
ヤマカガシ毒	凝血毒	5.3		184.0	147.0
エラブウミヘビ毒 タイコブラ毒 ナイリクタイパン毒	神経毒	5.6 5.2 0.2	6.8 5.6	6.6	10.0

3．免疫のメカニズム

(1) 免疫系を担う細胞

　感染防御機構としての免疫反応には，何種類もの免疫細胞が複雑に関係しあいながら反応を進めてゆく。免疫細胞は骨髄中の幹細胞が分化した種々の血球細胞で，あらゆる免疫反応に共通するメカニズムはこれらの細胞どうしのコミュニケーションによって機能している（図1）。

　免疫系の細胞は白血球系細胞で，リンパ球，単球，好中球，好酸球，好塩基球がある。幹細胞が分化したリンパ芽球は，血流にのって胸腺に移動し，胸腺内で分化，増殖し成熟するとT細胞（Tリンパ球）になる。さらにT細胞は，ヘルパーT細胞，キラーT細胞，サプレッサーT細胞に分化する。ヘルパーT細胞は，骨髄に由来するB細胞の抗体産生やキラーT細胞の補助，サイトカインという物質を介して炎症反応に関与する。キラーT細胞は細胞傷害性T細胞とも呼ばれ，移植片の拒絶反応やがん細胞，ウイルス感染細胞などの異物化した細胞の排除に働く。サプレッサーT細胞は抑制T細胞とも呼ばれ，免疫機能を抑制する。

　一方，骨髄の幹細胞がリンパ芽球に分化し，そのまま骨髄で分化，増殖し，成熟するとB細胞（Bリンパ球）になる。B細胞は体中を巡るうちにヘルパーT細胞の刺激を受け，細胞内に多量の抗体を産生する。抗体をつく

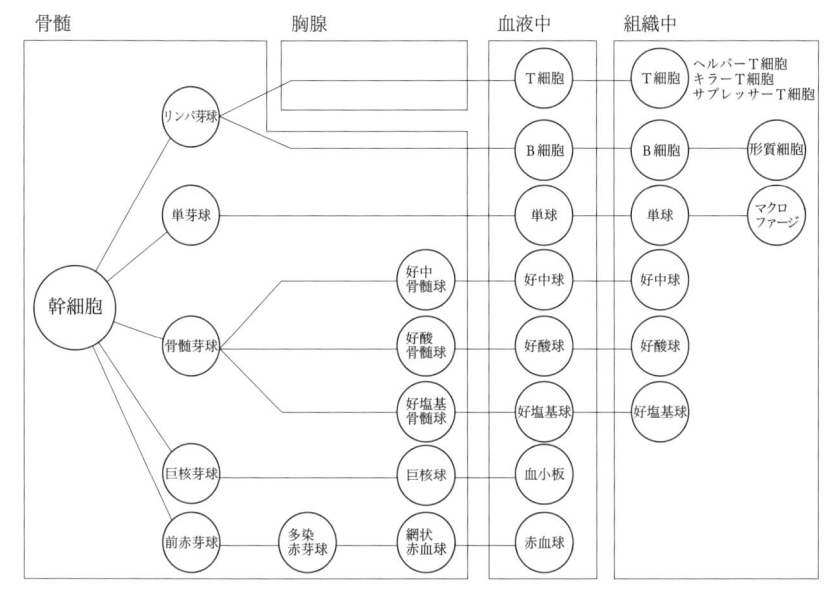

図1 血球の分化

り，大きく膨らんだB細胞は形質細胞と呼ばれる。抗体はやがて細胞外に放出され，抗原と結合し，抗原の排除に働く。

　骨髄の幹細胞から分化した単芽球は血流に入り単球となり，リンパ組織や肝臓など組織に入るとマクロファージに分化し，組織に定着する。

　そのほかの，好中球，好酸球，好塩基球も免疫細胞として重要な働きを持つ。直接，免疫反応に関与する細胞ではないが，血小板，赤血球も骨髄の幹細胞から分化した細胞である。

(2) 免疫系の作用機序
①自然免疫と獲得免疫

　免疫系は自然免疫と獲得免疫に分けられる。自然免疫はどのような抗原の侵入に対しても同じように働く。皮膚や粘膜が，体内へ非自己物質が侵入するのを防ぐ防壁になっているというのは自然免疫である。自然免疫が，常設の防御機構であるのに対し，獲得免疫は緊急時の防御機構である。

自然免疫を突破する強い毒性を持った蛇毒などが一斉に侵入してきたとき，自然免疫だけでは間に合わず，獲得免疫が働く。ほとんどの場合，両者は常に連動し一緒に作動する。

　自然免疫は繰り返し同じ抗原が侵入することで，その抵抗性が高まることはないが，獲得免疫は同じ抗原が繰り返し侵入することで，強い抵抗性を獲得するようになる。

②獲得免疫の機序（図2）

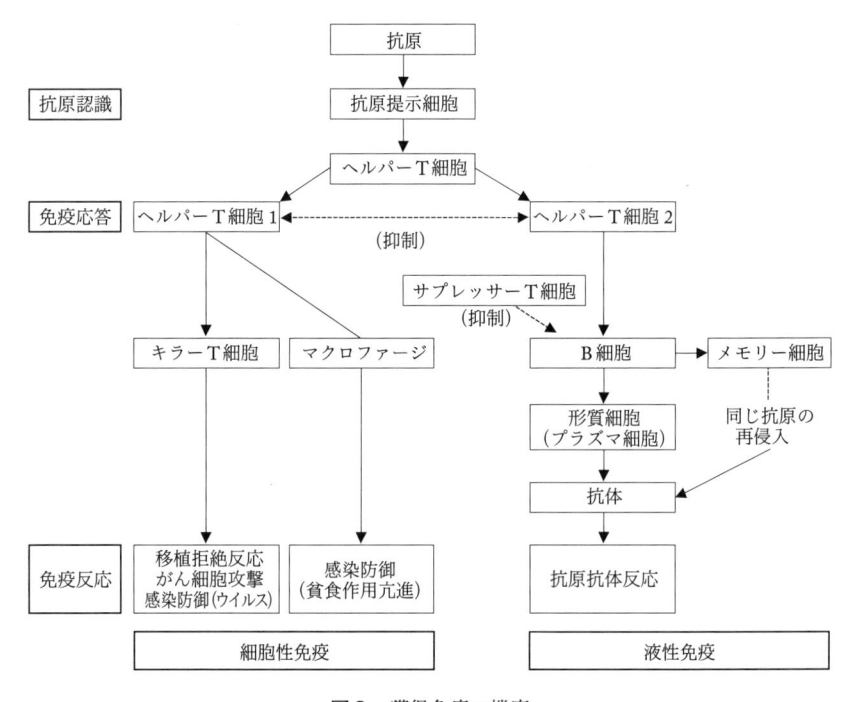

　獲得免疫は，T細胞が中心となり，直接，抗原を排除する細胞性免疫と，抗原に対し，特異的に反応する抗体をB細胞が産生し，抗体が抗原に結合して抗原を排除する液性免疫がある。どちらが働くかは，入ってきた抗原の種類によるが，基本的に，抗原がウイルス感染細胞，がん細胞，臓器移植による移植片などの場合は細胞性免疫，細菌や細菌毒素，蛇毒などの抗原には液

図2　獲得免疫の機序

性免疫が働く。
③抗原認識

　液性免疫も細胞性免疫も最初の反応は，体内に侵入した抗原を非自己と認識することから始まる。

　体内にはマクロファージ系の異物を取り込み，処理する細胞が様々な形で分布している。血中では好中球や単球，組織内ではマクロファージ，樹状細胞などが皮膚，粘膜，結合組織，リンパ組織など全身にくまなく配置する。

　これらの細胞が免疫反応の第一段階として，抗原を細胞内に取り込み，細胞内で分解し，その断片を細胞膜上に掲げ，ヘルパーT細胞に提示する働きを抗原提示といい，抗原提示能力を持つ細胞を抗原提示細胞（antigen presenting cell; APC）という。

④免疫応答

　ヘルパーT細胞が抗原の情報をヘルパーT細胞1に伝えると，さらにその情報はキラーT細胞に伝えられる。キラーT細胞は，血中を不活性の状態で流れるが，ヘルパーT細胞1からの情報を受けると，活性化する。また，マクロファージに貪食されても，消化分解されない病原微生物が抗原のとき，ヘルパーT細胞1からの情報を受け，活性化したマクロファージが殺菌にあたることがある。

　侵入抗原が細菌や毒素などの場合，ヘルパーT細胞2が特定のB細胞を刺激してB細胞の抗体産生を促す。

　ヘルパーT細胞1はヘルパーT細胞2の働きを抑制的に調節し，ヘルパーT細胞2はヘルパーT細胞1の活性化を抑制するという，相互抑制的作用が知られている。

⑤免疫反応

　ヘルパーT細胞2より情報を受け，活性化したキラーT細胞はその情報をもとに，抗原に特異的に傷害する因子を細胞表面に産生して，抗原を直接攻撃し，破壊してゆく。

　一方，ヘルパーT細胞2より抗原の情報を受けたB細胞は，細胞内に多量の抗体を産生し，形質細胞と呼ばれる細胞になると，抗体を細胞外に放出

し，抗原と結合して抗原の働きをとめる。この結合は抗原抗体反応と呼ばれる，きわめて特異的な反応である。

抗体と結合した抗原，すなわち抗原抗体複合体は，種々の免疫細胞や捕体という肝臓で合成されるタンパク質に働きかけ，凝集・沈殿・溶解して除去される。そして，十分に抗体が産生されると，サプレッサーT細胞がB細胞を抑制して，抗体を作り過ぎないように調整する。

(3) 免疫系とコミュニケーション
①サイトカイン

図2に登場する免疫細胞から伸びる矢印は，情報伝達の流れや，他の細胞への作用の方向を示す。その情報伝達は，サイトカインと呼ばれる免疫系を調節する重要な物質群が担っており，免疫細胞どうしのコミュニケーション媒体となる。

サイトカインは細胞が作り出し，他の細胞に情報を送り伝え，感受した細胞を活性化したり抑制するタンパク因子群の総称で，外界からの刺激によって，T細胞やマクロファージ，B細胞などからサイトカインが合成される。そしてたくさんの種類のサイトカインに対応するレセプターを持つ細胞に情報が伝えられ，情報は，細胞核内で特定の遺伝子を発動させる。

それぞれのサイトカインが複数の異なる作用を有し，別々のサイトカインが同じ作用をすることもある。あるサイトカインが別のサイトカインを作ることや，サイトカインを調節するサイトカインが作り出されるなど，このような複雑なコミュニケーション・ネットワークを形成することで免疫系が調節されている。

②免疫シナプス

免疫応答において，重要な働きをするT細胞は，どのようにしてマクロファージや樹状細胞などから情報を受けとり，活性化されるのだろう。

以前から免疫系には情報伝達のエキスパートである神経系とよく似たメカニズムがあるといわれていた。

1995年（平成7年），米国のクップファー（Abraham Avi Kupfer）は，免

疫細胞が互いに接触し，作用しあっている様子を三次元画像によってとらえた。それは神経細胞間で見られるシナプスが免疫細胞間にも存在し，免疫細胞が会話し，コミュニケーションをとっていることを示唆するものであった。

　マクロファージや樹状細胞などの抗原提示細胞では，主要組織適合抗原遺伝子複合体分子（major histocompatibility complex; MHC）により非自己物質由来のペプチドが抗原として認識され，それをT細胞表面のT細胞受容体（T cell receptor; TCR）が認識し，その結果，T細胞の活性化が起こる。T細胞の接触面では抗原特異的TCRが集積し，その周囲を接着分子タンパクが取り囲んで同心円状の特徴的な構造がつくられる。これは，免疫シナプスと名づけられている。

（4）免疫学的記憶（図3）

　複雑な網の目のような細胞間コミュニケーションの結果，非自己は排除されるが，一度侵入した抗原の記憶が残される。初回の抗原侵入によって，血中には一時的に多量の抗体が現れるが，この血中抗体濃度は時間の経過と共に低下していく。これが一次応答である。一次応答でB細胞，T細胞の一部がメモリー細胞となり，同じ抗原が再度侵入してきたときには，一次応答よ

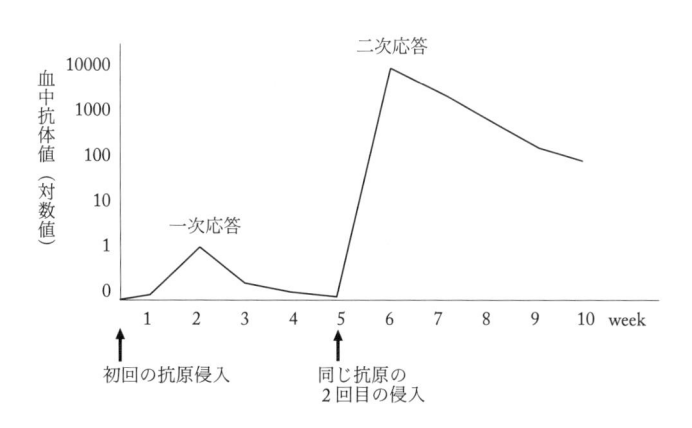

図3　免疫学的記憶によるブースター効果

りもスピーディーに，かつ，血中抗体価レベルがより高いレベルに上昇し，長期間，高い抗体価が維持される。これが二次応答である。また，一次応答で現れる抗体と二次応答で現れる抗体は同じ抗体でも，サイズなどが異なり，二次応答で産生される抗体のほうが，より抗原に高い親和性を持つ。

　麻疹のように二度なしの感染症は，二次応答による感染防御である。ワクチンなどの予防接種を期間を置いて，繰り返し接種することで，強い免疫を長期間維持できる。これは，免疫学的記憶によるブースター効果と呼ばれる。

4．蛇毒と免疫

(1) 抗毒素とは

　破傷風とは，破傷風菌が産生する毒素が脊髄の神経伝達物質を阻害することにより，筋肉の痙攣や麻痺を起こし，さらに中枢神経が侵され，死に至る疾患をいい，ジフテリアとはジフテリア菌が産生する毒素により咽喉頭粘膜の組織を損傷し，さらに神経麻痺をもたらす疾患である。

　1890年頃，ドイツのコッホ研究室で，北里柴三郎はエミール・フォン・ベーリングと共同で，これら毒素産生細菌に対する免疫について研究していた。

　北里とベーリングは，致死量に満たない破傷風菌毒素，ジフテリア菌毒素や，あらかじめ弱毒化したこれらの毒素を繰り返し注射しておいたモルモットの血清が，これらの毒素を中和することを発見した。

　そして，モルモットに微量の毒素，弱めた毒素を何回も注射することで，毒素に対して免疫が成立し，そのモルモット血清を破傷風菌，ジフテリア菌に感染した直後のモルモットに注射すると，モルモットは破傷風やジフテリアの症状を起こさないことを証明し，ドイツの学術雑誌に発表している。

　北里はジフテリア菌毒素で免疫した動物には，ジフテリア菌毒素の毒性を中和する物質が体内でつくられ，それが血清中に存在することを実験で証明してみせた。その物質は抗毒素と呼ばれるが，抗毒素は後に，抗体であることがわかった。

(2) 血清療法

ベーリングは，危険なジフテリア菌毒素や破傷風菌毒素をワクチンとして予防に用いるよりも，これらの毒素で免疫した動物血清を治療に用いることを考えた。弱毒化処理したジフテリア菌や破傷風菌の毒素を，ウマに繰り返し注射することで，毒素を中和する抗体がウマの血清中に現れる。この毒素抗体を含むウマ血清を，治療薬としてジフテリアや破傷風の患者に注射する方法を血清療法という。

北里，ベーリングについで，パスツール研究所のアルベール・カルメットは，コブラ毒の抗毒素血清を試作し，蛇毒に対しても血清療法が可能であることを示した。

(3) 蛇毒の抗毒素

現在，日本ではマムシ，ハブの抗毒素が製造されている。普通は単に血清といわれるこれらの薬は，それぞれ乾燥まむしウマ抗毒素，乾燥はぶウマ抗毒素といい，マムシおよびハブの毒で免疫したウマの血清から抗体成分を精製処理した抗毒素を凍結乾燥した製剤である。

血液を試験管にいれて放置しておくと，赤血球や白血球，血小板が試験管の下部に沈み，血餅をつくる。その上澄みの液体部分が血清であり，血清にはタンパク質や糖質，脂質などが溶け込んでいる。この血清中のタンパク質に抗毒素が含まれる。

血清タンパク質はアルブミンとグロブリン，その他に分かれ，グロブリンはさらに α, β, γ の三つに分かれる。抗体はそのうちの γ-グロブリン分画に含まれるので，免疫グロブリン（Immune globlin; Ig）と呼ばれる。

抗毒素の有効成分は抗体で，これは γ-グロブリンという血清タンパクの一つである。免疫したウマ血清からアルブミンなどの部分を除去し，精製したものがマムシ，ハブ咬症治療用の抗毒素になる。

(4) 抗体の特異性

図4は沖縄県衛生環境研究所が行った，動物を使ったハブ抗毒素と各種蛇

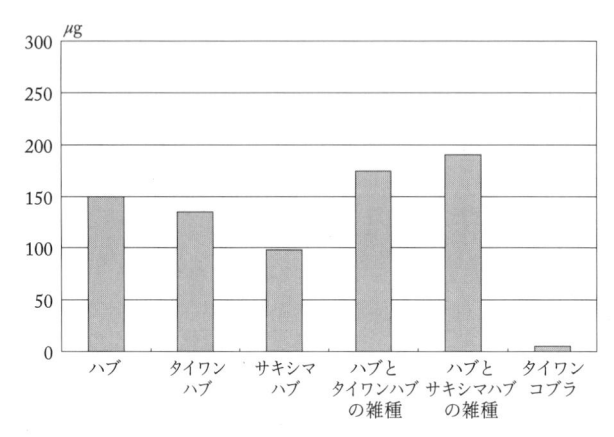

図4　ハブ抗毒素0.1mlが中和する各蛇毒量

毒の中和試験の結果で，ハブ抗毒素0.1mlが中和できる蛇毒の量を示している。2009年8月に発行された衛環研ニュース18号に掲載されたグラフをもとに作成した。

　ハブ毒毒素に対する抗毒素は，ハブ毒を効果的に中和するが，コブラ毒毒素を中和しない。毒素と抗毒素の中和は，互いに特異性を持っていることがわかる。

　面白いことに，蛇毒の場合，たとえばハブ毒の抗毒素はサキシマハブ毒やタイワンハブ毒を中和することができ，サキシマハブ咬症患者の治療にハブ毒抗毒素が使用される。ハブと比較的近い種の毒であれば，ハブ抗毒素で中和することが可能だということである。

　沖縄島にはもともと，自然分布していないタイワンハブやサキシマハブが持ち込まれ，これら移入種がすでに定着しており，ハブとタイワンハブ，ハブとサキシマハブの交雑個体も確認されている。交雑種に咬まれ，抗毒素による血清療法が必要になったとしても，現用のハブ抗毒素では効果がないという話を耳にすることがあるが，このグラフをみればハブ抗毒素が交雑種の毒を良好に中和することがわかる。

(5) 能動免疫と受動免疫

毒蛇咬症に対する血清療法は，以下のように説明される。

毒蛇に咬まれ，毒素が体内に侵入したとき，マクロファージなどの抗原提示細胞が毒素を貪食し，ヘルパーT細胞に抗原提示する。ヘルパーT細胞2が，B細胞を活性化し，活性化B細胞は形質細胞となり，その蛇毒毒素の抗体を産生する。抗体は蛇毒毒素と結合して毒素を中和し，咬症を受けた患者の血清中には，しばらくの間その蛇毒の抗体が存在する。すでに述べた獲得免疫の液性免疫による生体防御反応である。

この場合，その生体自身の生体防御機構によって独自に獲得した免疫力で，能動免疫という。毒蛇咬症では，一度に強力な毒素が多量に体内に注入される。したがって，自分自身で毒素に対する抗体をつくり，中和する前に毒素の作用によって死に至る危険性が高くなる。そこで，蛇毒毒素に対する抗体をウマでつくっておき，それを毒蛇咬症後，短時間のうちに注射することで，蛇毒毒素が全身に広がる前にウマがつくった抗体が毒素を中和する。この血清療法のように，ある個体が別の個体でつくられた抗体を与えられる免疫は，能動免疫に対し受動免疫という。このような受動免疫は，麻疹の予防接種のように，あらかじめ生体に注射しておくことはできない。なぜならば，受動的に与えられたウマの抗体は，非自己とみなされるので，すみやかに排除されてしまうからである。

(6) 血清療法の副作用

薬と毒は表裏一体である。血清療法では患者にウマの抗体を注射するが，ウマの抗体は非自己タンパク質であり，生体の免疫機構はこれを排除しようと，ウマの抗体に対する抗体をつくる。ウマのタンパク成分に過敏な反応を示す人は，ウマの抗体タンパクに対するIgEを過剰に産生し，蛇毒による毒作用を打ち消すために使用された薬によって，アナフィラキシーショックが，ごくまれにではあるが発生することがある。

アナフィラキシーショックのような激しい症状以外に，蕁麻疹様発疹，発赤，腫脹，疼痛，発熱，関節痛などのアレルギー症状が現れることもある。

血清療法によるこれらの副作用は血清病と呼ばれ，血清療法を受けた患者の10〜20%で何らかの血清病が発生しているという。

(7) 特殊抗毒素の研究

毒蛇咬症による血清療法で使用される抗毒素は，とても効果の高い治療薬であるが，アナフィラキシー，血清病といった副作用が大きな問題となる。このような副作用の問題を解決するため，様々な研究が行われてきた。

①ハブ山羊抗毒素

近年，沖縄県のハブ咬症患者数は減少傾向にあるが，ハブを採取したり，取り扱う人が繰り返し咬症を受けるケースは逆に増えている。血清病は抗毒素を繰り返し使用するほど発生頻度が高くなり，重症化しやすい。

ウマアレルギーの人や，過去に抗毒素による治療を受けたことのある人が，次にまたハブに咬まれ，抗毒素を使用したのに，アレルギーテストで過敏反応が見られたときにはどうすればよいか。

沖縄県は日本蛇族学術研究所，化学及血清療法研究所と共同で山羊をハブ毒で免疫して，抗毒素を製造した。

血清病は異種タンパク質が原因で起こる過敏症で，その抗原抗体反応はきわめて特異性の高い反応である。したがって，免疫動物を変えれば血清病を防ぐことができる。

沖縄県は，ウマ以外の免疫動物を決める際に，家畜として飼育されるウマ，山羊，豚，牛をハブ毒で免疫して，その免疫期間中に一部採血して免疫抗体の上昇を比較した結果，ハブ毒免疫感受性が最も高かったのはウマで，次が山羊であることがわかった。抗体を産生しやすいかどうかは同じ動物種でも個体差が大きいが，免疫，採血などの操作性なども考慮して，ウマに変わる免疫動物に山羊が選ばれた。そして，ハブ咬症患者に使用できるレベルのハブ山羊抗毒素264本が製造された。

②抗ハブ毒剤

一方で，抗毒素以外の抗ハブ毒剤の研究が1987年から始められていた。最初に，天然および人工的合成された医薬品や試薬などの中からハブ毒を効

果的に中和する物質の検索が行われた。沖縄に自生する植物抽出液342種，既成医薬品914種，試薬類123種，微生物由来物質81種，動物由来物質（血清など）39種について調べた結果，ウシガエル，ハブ，シマリス，マングースの血清にハブ毒中和作用が確認された。

　これら動物血清をハブ咬症患者の治療に適用できるかどうかが，さらに精査され，マングース血清に高いハブ毒中和作用があることがわかった。

　ハブ毒は複数の酵素，タンパク質やペプチドで構成された複合毒素で，その主要な毒性因子は出血因子-1（hemorrhage-1, HR-1と呼ぶ）と出血因子-2（hemorrhage-2, HR-2と呼ぶ）であると考えられている。マングース血清はHR-1に対し現用の抗毒素よりも高い中和作用が確認されたが，HR-2に対する中和力が低く，毒素全体を中和するにはきわめてバランスの悪いものであった。

③マングースのハブ毒免疫実験

　筆者がかつて所属した研究室の研究テーマの一つが，移入種マングースの対策であった。教授，助手と大学院生，学部4年生がそれぞれ分類学，形態学，生態学など，様々な方向からマングースを研究していたので，研究室にはマングースに関する多くのデータがあり，マングース死亡個体や生体を入手することができた。

　1997年4月から1999年3月まで，筆者はマングース血清の抗ハブ毒因子の特殊抗毒素への可能性を調査していた。

　マングース血清中の抗ハブ毒出血作用をもったタンパク分子は，ハブ毒の出血毒素1（HR-1）に対しては，現用の抗毒素よりも強い中和作用があるものの，もう一つの主要毒素HR-2を中和しない。そこで，マングースにハブ毒を免疫してバランスのよい抗出血作用が得られるかどうか調べた。マングースが免疫感受性の高い動物で，抗毒素の製造に有効であるとすれば，将来的にマングースを馴化して実験動物化できないだろうかという考えもあった。

　マングースを13匹捕獲し，飼育ケージで管理するまでに半年かかった。マングースは野生動物なので，ラットやウサギなどの実験動物のように扱うことはできない。注射や採血をする際には麻酔が必要であった。

免疫は16週間の間に11回実施した。最初は弱毒処理した毒素をマングース腹腔内に注射し，その1週間後に同じ処理を行う。これは基礎免疫といって，一次応答でマングースの免疫細胞にハブ毒を記憶させる処置である。基礎免疫後は3週間休ませ，4週目以降は1週間に1回，追加免疫を行った。
　追加免疫による二次応答によってマングース血清中には抗毒素（抗体）が増えてくる。この血清中の抗毒素の量（力価という）の経時変化を調べるため，免疫期間中に6回の一部採血し，この血清は酵素免疫測定法（enzyme linked immunosorbent assay; ELISA）という微量成分の定量法で調べた。
　16週の免疫が終了したマングースからは全血液を採取し，1頭あたり12～32mlの血液が得られた。この血液から血清を分離して最終的に抗体価がどれぐらいになったかを測定する。その方法はウサギ皮内注射法で行った。ウサギ背部の毛をバリカンで剃り，皮膚に油性ペンで碁盤の目（2cm×2cm）に区切り，その中心部皮内にマングース免疫血清とハブ毒を1時間反応させた混合液を注射する。そして，24時間後ウサギを安楽死させ，皮膚をはぎ，皮膚の内側から注射局所にできた出血斑の直径を計測，統計処理をして披検血清の抗HR-1抗体と抗HR-2抗体の含量を算出する。免疫血清中に多量の抗体が含まれていれば，出血斑の直径は小さくなるか，まったく出血が見られなくなる（図5）。
　このようにしてマングースのハブ毒免疫による抗体価を調べた結果，ハブ毒HR-1，HR-2の両抗体はウマ，山羊のように上昇することはなかっ

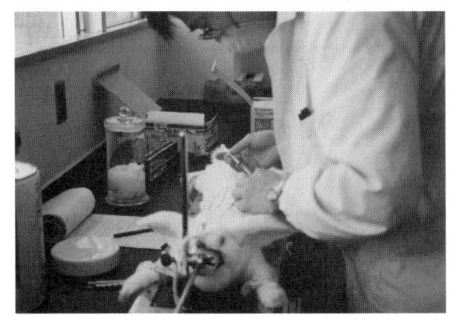

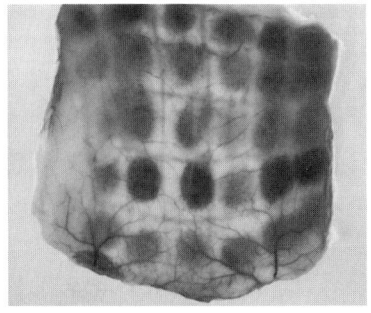

図5　ウサギ皮内注射法

た。HR-1の中和作用はハブ毒免疫をしなくても治療薬として通用するため，HR-2の中和作用を上昇させることができれば，抗ハブ毒剤開発の活路が見出せると考えていたが，マングースのハブ毒感受性は低く，また，免疫動物として非常に扱いにくい動物だということがわかった。

　治療に活用できる抗毒素以外の抗ハブ毒剤の開発は困難と判断され，1999年度（平成11年）に研究は終了となった。現在，沖縄県衛生環境研究所は企業と共同でモノクローナル抗体産生法や遺伝子組み換え技術を用いた，ヒト型抗ハブ毒抗体の実用化に向け研究が進められている。

おわりに

　本章はまだおわりません。はじめに戻り，もう一回ここまで読んでみてください。

参考文献

杜祖健，1984，『毒蛇の博物誌』，講談社
Sherman A. Minton, 1986, *The Encyclopaedia of Animals*, Equinox (Oxford) Ltd.（鳥羽通久訳，1987，『動物大百科 第12巻 両生・爬虫類』平凡社）
Carl H. Ernst and George R. Zug, 1997, *Snakes in Question*, Smithsonian Institution Press.（岩村恵子訳，1999，『最新 ヘビ学入門』平凡社）
菅野宏文，2000，『改訂版 ヘビの医・食・住』どうぶつ出版
森口一，1997，「ヘビの毒と捕食行動」『どうぶつと動物園』49巻4号
Atsushi Sakai, Manabu Honma and Yoshio Sawai, 1983, Studies on the Pathogenesis of Envenomation of the Japanese Colubrid Snake, Yamakagashi, Rhabdophis Tigrinus Tigrinus(boie) 1. Study on the Toxicity of the Venom, *The Snake*, Vol. 15, pp. 7–13.
疋田努，当山昌直，松井正文，倉本満，鳥羽通久，藤下英也，西村昌彦，リチャード・ゴリス，柴田保彦，1989，『第16回特別展「日本のヘビとカエル大集合」解説書 日本の両生類と爬虫類』大阪市立自然史博物館
沖縄県公害衛生研究所，1995，『平成6年度抗毒素研究報告書』
多田富雄，2001，『免疫・「自己」と「非自己」の科学』日本放送出版協会
上野川修一，1996，『入門ビジュアルサイエンス からだと免疫のしくみ』日本実業出版社
沢井芳男，1972，『NHKブックス162 免疫と血清 ハブ毒との戦い』日本放送出版協会
櫻井秀樹，川島由次，小倉剛，野崎真敏，香村昂男，2006，「ハブ毒免疫したマングースの血中抗体価に関する実験」『琉球大学農学部学術報告』53号

第7章

ヘビウリ

——食材としての可能性について——

久保さつき　福永峰子　アーナンダ・クマーラ

　現在の日本の食文化は，様々な外国の食文化が渡来し形成されてきた。食材である野菜の場合，日本で栽培されている野菜は約100種類あまりといわれているが，その中で日本原産のものは，ウド，フキ，ワサビ，セリ，ミツバなどごくわずかで，大部分が外国からの渡来種である。すなわち日々の食卓にのぼるごくありふれた野菜であるハクサイ，ダイコン，ニンジン，キャベツ，タマネギ，ナス，ネギなどすべてが外国原産である。最近見かける新野菜もこれらと同様に，日本の食文化の中にとけ込み定着していくことになるのではないかと思われる。

　筆者らは，東南及び南アジアで栽培され実際に食べ物として利用されているヘビウリを日本で広めるプロジェクトを開始しようと計画を進めている。このプロジェクトではヘビウリを新野菜として鈴鹿から発信することを目的にかかげている。

　本章ではヘビウリの食材としての利用価値を探る上での，取り組みと可能性を述べる。

1．ヘビウリについて

　ヘビウリは，学名 Trichosanthes Anguina，英語名 Snake Gourd，別名ゴーダビーンであり，インド原産のウリ科カラスウリ属の一年生つる性植物であ

る。日本には，明治時代の終わりに渡来しているが，観賞用植物として導入されている。現在でも，植物園や個人で観賞用に栽培されている。

夏にカラスウリに似た白い可憐で繊細な花が咲き，その後果実ができる。果実は，直径約4cm，長さ1m以上になりヘビのように曲がることからヘビウリという名がつけられている。果皮は滑らかで，独特の臭みがある。緑色に白色の縞があり，熟すると橙赤色となり種を採取することができる。果肉は緑白色でやわらかく，特有の苦味がある。

東南及び南アジアでは野菜として利用され，緑色の縞が出てきた幼果を使用する。カレーの材料やスープ，炒め物に利用されている。

筆者の一人が自宅で栽培した，ヘビウリの写真を示す。

写真1は，細長いもので，ヘビのように曲がりくねったもの（上）とまっすぐに伸びたもの（下）である。自然に放置しておくと曲がりくねった果実となる。先端に石を錘としてつけることによりまっすぐに延ばすことができる。写真2は，ニガウリのような紡錘形をした果実である。この形のものは，細長くなるものとは，品種が異なるのではないかと思われる。

写真1　細長いヘビウリ

写真2　紡錘形のヘビウリ

2．ヘビウリ料理

　スリランカでは，ヘビウリが野菜としてサラダやカレーの具として毎日のように食べられている。また，ヘビウリは病後の健康促進を目的とした食事，すなわち「病院食」としても欠かせない食材のひとつである。したがって，ヘビウリを食べることができることは確実である。しかし，形の異様さと名前から受けるイメージが悪く，はたして日本で広めることができるのかが課題である。ヘビウリをキーワードとしてインターネットで検索すると，30万件を超える記事が掲載されている。しかし，珍しい植物としての紹介が大半で，食材としての利用や機能性についてはほとんど記載がされていない。そこで，同じウリ科の野菜で，最近よく利用されているニガウリと比較することにより，ヘビウリの食材としての可能性を検討した。

　料理は，生で食べるサラダ，酢漬けのマリネ，煮物としてのスープ，揚げ物としてのかき揚げの4種類とした。ニガウリは，一般に市販されているものを使用した。ヘビウリは，写真1で示した長いものと，写真2に示した紡錘形のものを合わせて使用した。また，ヘビウリの代わりにニガウリを使用すること以外，材料や調理方法など他のすべての条件を同一とした。

　ヘビウリとニガウリはそれぞれ，下処理を行ない用いた。ヘビウリは種とわたを取り除き，ニガウリは同様に種とわたを取り除いた後，塩もみし30秒間茹でて苦味を取り除いた。作り方と，出来上がりの写真を示す。

（1）サラダ
【材料】
ヘビウリ（あるいはニガウリ）	90g
トマト	140g
レタス	100g
タマネギ	115g
レモン汁，塩	少々

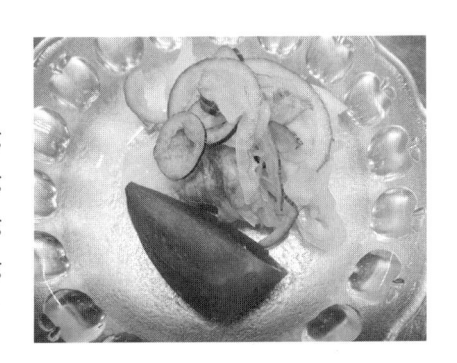

【作り方】
①ヘビウリ（ニガウリ）を1〜2mmの薄切り，トマトはくし形，タマネギは薄切り，レタスは一口大に手でちぎっておく。
②ボールにすべての材料を入れ，レモン汁と塩で味付けをする。

(2) マリネ

【材料】
ヘビウリ（あるいはニガウリ）	90g
タマネギ	115g
パプリカ（赤・黄）各々	70g
ワインビネガー	適宜
カレー粉	少々

【作り方】
①ヘビウリ（ニガウリ）を1〜2mmの薄切り，パプリカとタマネギはくし形に切る。
②ワインビネガーにカレー粉を混ぜたものに①を入れ，しばらく置いて味をなじませる。

(3) スープ

【材料】
ヘビウリ（あるいはニガウリ）	90g
ジャガイモ・タマネギ各々	60g
ニンジン	50g
煮大豆	68g
トマト水煮	190g
コンソメ	2個
塩・コショウ	少々

【作り方】
①ヘビウリ（ニガウリ）とタマネギを1〜2mmの薄切り，ジャガイモとニ

ンジンをさいの目に切る。
②鍋に水800ccと①の材料，煮大豆，トマト水煮を入れ加熱する。コンソメと塩・コショウで味付けをする。

(4) かき揚げ
【材料】
ヘビウリ（あるいはニガウリ）　90g
ニンジン　35g
カボチャ　25g
タマネギ　1/4個
てんぷら粉　100g
水　150cc
卵　1/2個

【作り方】
①ヘビウリ（ニガウリ）とタマネギを1〜2mmの薄切り，ニンジン・カボチャを細切りにする。
②てんぷら粉・水・卵を混ぜて衣を作る。その中に①を入れ衣をつけ，油で揚げる。

(5) ヘビウリ料理とニガウリ料理の比較
　ヘビウリとニガウリ以外の食材や調理方法を同一にして作った4種類の料理について試食を行なった。その結果，ヘビウリはまったく苦味がなく，食感・味ともにキュウリのような感覚で食べることができた。臭みがあるとされている皮がついたままで調理を行なったが，それもまったく気にならなかった。ニガウリは，苦味をとるための下処理をしていたものの，まだ少し苦味が残っていた。
　サラダ，マリネ，スープ，かき揚げ，すべてにおいて淡白な味で，苦味が苦手な人でも抵抗なく食べることができ，好評であった。

3．アンケート調査の実施

ヘビウリ料理が大変好評であったので，試食とアンケート調査を実施した。不特定多数の人を対象に行なうことを目的とし，鈴鹿短期大学の大学祭への来場者に対して実施した。

提供する料理は，加熱調理をするスープに決定した。ヘビウリは，生鮮野菜であるためそのまま放置すると保存ができず傷んでしまう。そのため，保存はラップで包み冷凍を行ない，試食に供する当日に自然解凍し調理を行なうこととした。ヘビウリの味や食感を味わうためには生のものが最も適していると考えられるが，冷凍・解凍を行なうことで，野菜への影響がかなりあると判断し，加熱調理を行なう料理を提供することとした。調理方法は前節の「(3)スープ」で記述した方法と同一とした。調理には写真1に示したまっすぐに伸びた細長いタイプのもの1本を用いた。

アンケート実施日時等を下記に示す。

　実施日時：平成22年10月22日(土)
　実施場所：鈴鹿短期大学構内
　実施対象：大学祭来場者
　試食料理：ヘビウリを使用した
　　　　　　スープ
　アンケート内容：性別・年令・ヘビウリの認知度・試食の感想

〈アンケート集計結果〉

表1にアンケート結果を示す。

男女合わせて75人に試食とアンケートに協力していただくことできた。年齢は6歳から63歳であった。74人がヘビウリを初めて知ったという回答であった。知人が育てているが食べたことはないという方が1人で

表1　アンケート集計結果（人）

調査項目	男性	女性	合計
性　別	12	63	75
年　齢			
10歳未満	2	0	2
10歳代	5	20	25
20歳代	3	32	35
30歳代	1	2	3
40歳代	1	4	5
50歳代	0	3	3
60歳代	0	2	2
職　業			
会社員	2	14	16
自営業	2	1	3
専業主婦(主夫)	0	5	5
学生	6	36	42
その他	2	6	8
未記入	0	1	1
ヘビウリの認知度			
知っていた	0	1	1
知らなかった	12	62	74

あった。

このことより，認知度はほとんどないことが明らかとなった。

試食した感想の上位5位は，おいしい47名，食べやすい13名，苦くない7名，癖がない6名，やわらかい6名であり，この試食会においても，ヘビウリ料理は大変好評であった。

冷凍・解凍を行なうことで，今回調理に用いたヘビウリは冷凍前に比べかなりやわらかくなり，果皮がするりとむける状態であった。それにもかかわらず好評であったことにより，加熱調理する場合は冷凍・解凍を行なったものでも十分利用可能であることが明らかとなった。

4．ヘビウリプロジェクト構想

ヘビウリ料理が好評であったことより，食材として利用可能であると確信する。しかし，ヘビウリは現在日本で食用として広まっていないため『日本食品標準成分表』には収載されていない。したがって栄養素の成分値が不明である。他の野菜と比較してカロリー値や栄養成分値を示すことができないことは，ヘビウリ普及にはマイナスイメージである。また，生体機能性も明らかとなっていない。しかし，外国では調査結果が示されている。それらのデータの一部を以下に示す。

①成分値は，水分94.6％，たんぱく質0.5％，脂質0.3％，繊維0.8％，炭水化物3.3％である
②その他の成分値として，カルシウム，リン，鉄，カロテン，ビタミンB_1，ビタミンB_2，ナイアシンが示されている
③体を冷やす効果がある
④繊維が多いため，便秘に効果がある
⑤黄疸の治療に，ヘビウリの葉を使用する
⑥脱毛症に効果があるといわれ，ヘビウリの葉汁を頭皮（頭）につける
⑦糖尿病を治すためにも使えるといわれている
⑧胆汁性の熱の場合，ヘビウリを食べるとその痛みが和らぐ

⑨ドライな体（乾燥肌など）が和らぐ
⑩病後の栄養作りを促進させる
⑪痰を少なくさせ，うみをなくす，そして体の毒を排出させる
⑫低カロリーである（100g 当たり 20kcal）
⑬天然の抗生物質である

などである。

このように，ヘビウリの効能は多岐にわたっており，これが事実であることが確かめられれば，一般の家庭における野菜としての利用のみならず，医療分野においても，利用が可能である。医療関係者との連携を図ることで，医療分野への展開が可能となる。

最近では，ニガウリをベランダ栽培する家庭が増加しているが，ヘビウリの葉も比較的大きく，暑い夏の日差しを避けるカーテンとしても利用できるのではないかと考える。

ヘビウリを広めていくには，生産者を募る必要がある。それを販売するルートや場所，調理方法や利用方法を知らせる手段も必要である。

医療関係を含む大学研究者，生産者である農業従事者，販売を行なう商業従事者，調理を指導する管理栄養士，病院関係者などの協力により，このプロジェクトを進めていきたいと考えている。

鈴鹿からヘビウリを広めるプロジェクトは，本稿による公表が出発点であるとの認識の下，以後展開していく。

おわりに

食事の場はコミュニケーションの場であるといわれている。家族が食卓を囲み団欒することや職場の仲間で共に食事をすることは，円滑な人間関係を形成する上で重要でありその効果も大きなものである。しかしそれ以前に，食品自体がコミュニケーションそのものであると考える。現在は自給自足の時代ではなく生産と消費は別々の人が行なっている。したがって，食品は生産者と食費者とを結ぶものであり，輸入食品においては国と国を結ぶもので

あるといえる。

　また，筆者らは，新しい野菜を鈴鹿から発信しようとしている。そのためには，多くの人々との協力体制が必要である。『日本食品標準成分表』の野菜類には119種類が掲載されおり，『原色食品図鑑』の野菜類と加工品および山菜・野草類には135種が掲載されている。しかし，これらの中にヘビウリは入っていない。すなわち，ヘビウリが食材としてほとんど認識されていないことを示している。このことは本稿で記述したアンケート結果でも明らかとなっている。この認知度の低いヘビウリをはたして広めていけるのか，また何年かかるかも予想がつかない。しかし，大学祭で行なった試食会のようなイベントを他の場所で実施するなど，さらに多くの人々との交流を進めていきコミュニケーションをはかることで可能になるのではないかと考える。

参考文献

青葉高，2000,『日本の野菜』八坂書房
青葉高，2000,『野菜の日本史』八坂書房
青葉高，2000,『野菜の博物誌』八坂書房
石川寛子・芳賀登監修，1997,『全集日本の食文化 第8巻 異文化との接触と受容』雄山閣出版
高宮和彦編，1993,『シリーズ食品の科学 野菜の科学』朝倉書店
香川芳子監修，2008,『五訂増補食品成分表2009 本表編』女子栄養大学出版部
菅原龍幸・井上四郎編，2001,『新訂 原色食品図鑑』建帛社
主婦の友社編，1996,『料理食材大辞典』主婦の友社
八巻孝夫，2003,『FOOD'S FOOD 新版 食材図鑑 生鮮食材篇』小学館
世界の市場紀行ワールドバザール21番組内容 スリランカ コロンボ「ヌゲゴダ市場」
　　http://www.e384.com/2007/07_009/bangumi.htm（2010年10月1日）
Home Remedies Guide, "Snake Gourd: Medicinal Properties and Benefits" http://www.home-remedies-guide.com/herbs/snake-gourd.htm（2010年10月31日）
Natural Health Cure, "Snake Gourd: A Tonic For The Heart" http://www.naturalhealthcure.org/natural-diet/snake-gourd-a-tonic-for-the-heart.html（2010年10月31日）

第8章

栄養教育とコミュニケーション
――中国人留学生における日本での食状況と栄養教育――

梅原頼子　前澤いすず　三浦 彩

　コミュニケーションという言葉が指すものは幅広い。『入門コミュニケーション論』（宮原2009）によると，コミュニケーションを，「人間がメッセージを交換し合い，お互いを影響し合う過程」と定義している。

　栄養士にとって栄養相談や栄養教育を行ううえでメッセージを交換し合い，影響し合い行動変容に結びつけることは必要不可欠なことといえる。他にも，仲間と食べる，家族と食べるなど，食べることは人とのコミュニケーションの場にもなる。さらに，おいしく食べる，楽しく食べるなど料理を介してコミュニケーションが弾むといった，料理そのものがコミュニケーションの媒体にもなっている。

　私たち栄養士は，料理を通して「バランスのとれた料理を食べて健康でいてほしい」というメッセージを送り，そして対象者はこのメッセージを受け取り，残食状態や健康状態としてメッセージを返すのである。

　また，喫食調査や残食調査，食事調査，食生活調査，身体状況調査などを通して，対象者がどのようなメッセージを発信しているのかを知ることができる。

　このように，栄養士にとってコミュニケーションとは，栄養教育のためのスキルであるとともに，食事自体がコミュニケーションの場であり，料理や食事調査はコミュニケーション媒体にもなり得る。

　今回，食事調査を通して対象者がどのようなメッセージを発信しているの

かを読み取り，栄養教育の方法について検討を行ったので報告する。

なお，全体のまとめを梅原，中国人留学生の日本での食状況調査および栄養摂取状況成績表の作成を前澤，三浦が行った。

1．調査の目的

筆者らは，2006年9月に中国内モンゴル自治区の農牧地域の一般成人について身体状況調査を行った結果，対象者が高血圧傾向であることを報告しており（前澤ら2008），血圧と食事の関連を調査する必要性を認めた。

鈴鹿短期大学への留学生は毎年中国からが大半を占めており，2010年4月現在では24名全員が中国人である。24名中9名が内モンゴル自治区の出身者であり，高血圧改善や一次予防対策は健康上大きな役割を果たすと考えられる。また，メディカルトリビューンの記事から，中国では高血圧の患者数が増えているとの報告もあることから，中国人留学生に対して栄養教育を行うことは健康を保つうえでも必要である。

そこでまず，中国での血圧と食事に関する疫学研究や高血圧の状況，高血圧対策と，日本の状況や対策との違いについて整理を行った。また，栄養教育内容を検討するために，中国人留学生の日本での食生活について実態を把握し，そこから問題点を見つけ出すこととした。

2．高血圧の状況

2006年に福岡で行われた第21回国際高血圧学会では，世界規模で高血圧制圧を目指す「福岡宣言」を発表している。宣言には，高血圧症の患者数は全世界で9億7200万人と推定されており，これは成人の26.4％に相当する。内訳は先進国が3億3300万人，発展途上国が6億3900万人である。このことは，先進国ばかりでなく，発展途上国においても，高血圧症の管理が重大な問題であることを示している。

また，高血圧治療の第一歩は非薬物治療である。禁煙，減量，減塩，運

動,カリウム補充,低脂肪で野菜の多い食事を心がけ,健康的なライフスタイルを実践することは,血圧コントロールに役立つとしている。

このように,高血圧は世界的に取り組むべき健康課題であるといえる。

(1) 高血圧の基準

血圧の基準として一般的に採用されているのは,WHO(世界保健機構)とISH(国際高血圧学会)の指標である。

日本では独自の指標をJSH(日本高血圧学会)が2000年に発表しており,2009年には新しい高血圧治療ガイドラインを発表した。JNC(米国合同委員会)では,2003年に収縮期血圧120〜139mmHg,拡張期血圧80〜89mmHgを前高血圧症,収縮期血圧160以上,拡張期血圧100以上をステージ2高血圧としているが,この考え方は用いられなかった。

WHOやISH,JSHやESH/ESC(欧州高血圧学会/欧州心臓学会)など世界の代表的な血圧の分類を表1に示す。各指標とも,収縮期血圧が140mmHg以上,拡張期血圧が90mmHg以上の両方,またはどちらかを満たす場合,高血圧(症)と診断される。

表1 成人における血圧の分類

収縮期血圧(mmHg)		拡張期血圧(mmHg)	WHO/ISH1999 JSH2004	JNC7 2003	ESH/ESC2007 JSH2009
<120	and	<80	至適血圧	正常	至適血圧
<130	and	<85	正常血圧	前高血圧症	正常血圧
130〜139	or	85〜89	正常高値血圧		正常高値血圧
140〜159	or	90〜99	軽症高血圧	ステージ1	Ⅰ度高血圧
160〜179	or	100〜109	中等症高血圧	ステージ2	Ⅱ度高血圧
≧180	or	≧110	重症高血圧		Ⅲ度高血圧

(2) 中国での高血圧の状況

中国衛生部が2006年に行った全国死因調査結果によると,中国での死因は,トップは脳血管疾患であり,2位がん,3位呼吸器系疾患,4位心疾患,5位事故であり,上位5位の占める割合は85%である。

また，2002年8月〜12月にかけて衛生部，科学技術部，国家統計局の指導のもと全国規模で国民栄養・健康調査を実施した結果，高血圧患者率が大幅に上昇しており，18歳以上の国民の高血圧患者率は18.8％で，推計1.6億人の高血圧患者が存在する。およそ10年前の1991年と比較して，患者は31％増加していることがわかった。

　この調査結果より，塩分の高い飲食が高血圧になるリスクを高めること，飲酒が高血圧の疾病リスクと密接な関係があることを明らかにしており，食事の塩分制限や節酒は高血圧の有効な一次予防法になると発表している。食塩平均摂取量は12g，都市部10.9g，農村部12.4gであった。

　また，メディカルトリビューンの記事によると，40歳以上の成人約17万人から成るサンプルを対象として1991年の研究開始時に血圧などの危険因子を測定し，1999〜2000年に追跡評価を行った結果，高血圧は年間100万人を超える早期死亡の原因となっていることを明らかにしている。食事からの食塩摂取量が非常に多いので，ライフスタイルの改善，特に食事の塩分制限が有効な一次予防法になるはずであるとしている。

　このように中国では，高血圧予防は減塩対策としており，国をあげて取り組むべき課題となっているため，中国人留学生への栄養教育を行うことは重要であると考えられる。

(3) 日本での高血圧の状況

　日本では，2005年に厚生労働省が行った患者調査結果から，主な疾患の患者数のうち，男女を合わせて最も多いのは高血圧症で，次いで糖尿病，がん，脳血管疾患で上位を生活習慣病が占めている。死亡数，患者数，医療費の面から問題視される循環器疾患としては，高血圧症，脳血管疾患，心疾患などがあげられる。高血圧は直接の死因にはならないものの，脳血管疾患や心疾患などの原因になることから，日本では長年の課題として食塩摂取量の減少に取り組んでいる。

　また，高血圧治療ガイドラインには，血圧が高いほど，脳卒中，心筋梗塞，心疾患，慢性腎臓病などの罹患率および死亡率は高いとしており，日本

人の塩分摂取量は欧米人に比べて多くなっているため，食塩摂取量を減らすことは，国民の血圧を低下させるうえできわめて重要であるとしている。

3．栄養教育の状況

(1) 諸外国の栄養教育

各国の社会経済状況によって発生する健康栄養問題は大きく異なる。多くの国では，栄養関連の政策や食事ガイドライン（以下はガイドラインと示す）やフードガイド，食事摂取基準の作成が着実に進んでいる。

各国のガイドラインは，各国が必要な栄養素，食品の有効性，食文化を考慮して，良好な栄養状態の維持増進と食事性疾患の予防の観点から，人々に食事の助言をするために策定されている。先進国および中所得途上国は，慢性疾患の発生を予防することに重点を置き，低所得途上国は，栄養欠乏の予防に重点を置いている。一般的に各国のガイドラインの内容のなかには，食塩摂取を抑制しようとする項目が高い頻度でみられる。

(2) 中国での栄養教育

中国では，中国栄養学会が1997年にガイドラインとして「中国居民膳食指南」を策定し，2007年に改定している（図1）。ガイドラインには10項目の目標を示し，「料理に使う油の量を少なくし，塩辛い食べ物は控えましょう」と減塩について示している。

ガイドラインでは，体内でのナトリウムの役割や血圧に与える影響，ナトリウムの必要量などについて解説している。そこには，ナトリウムの1日の必要量は2200mgであり，中国人は普段の食事から1000mgくらいとっているので，調味料からの食塩摂取は1200mgくらいが望ましい。1200mgのナトリウムとは食塩では3gである。また，2200mgのナトリウムをとるための食塩量として，1日に6gの食塩摂取を推奨している。

減塩対策のポイントとして，薄味に慣れること，料理の味が薄いと感じたら酢を入れること，調味料は目分量ではなく計って入れること，漬物はあま

中国居民膳食指南（2007）

◆食物多样，谷类为主，粗细搭配	◆穀類を中心に、多種類の食品を食べましょう
◆多吃蔬菜水果和薯类	◆たくさん野菜や果物、いも類を食べましょう
◆每天吃奶类、大豆或其制品	◆乳類や大豆及び大豆製品を毎日食べましょう
◆常吃适量的鱼、禽、蛋和瘦肉	◆適量の魚、鶏肉、卵、肉（赤身）を食べましょう
◆减少烹调油用量，吃清淡少盐膳食	◆料理に使う油の量を少なくし、塩辛い食べ物は控えましょう
◆食不过量，天天运动，保持健康体重	◆食べ過ぎず、毎日運動し、健康的な体重を維持しましょう
◆三餐分配要合理，零食要适当	◆三食を適切な配分で、間食は食べ過ぎないようにしましょう
◆每天足量饮水，合理选择饮料	◆毎日十分な量の水を飲み、適切な飲み物を選びましょう
◆如饮酒应限量	◆お酒を飲むなら限られた量にしましょう
◆吃新鲜卫生的食物	◆新鮮で衛生的な食べ物を食べましょう

図1　中国の食事ガイドライン（日本語訳：前澤）

中国居民平衡膳食宝塔（2007）

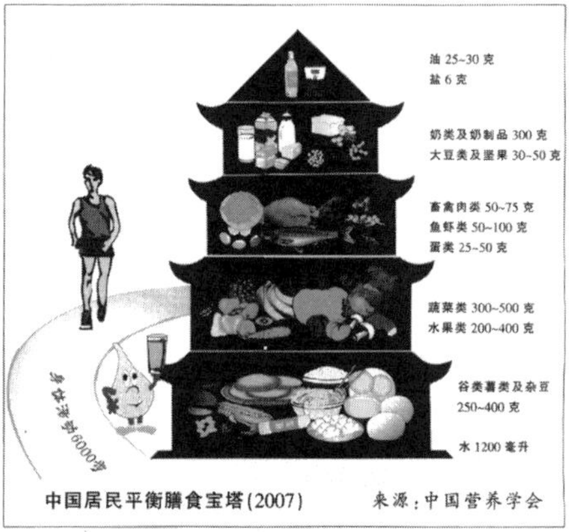

膳食宝塔指明的每天适宜摄入食物量和种类是为了给人们以直观印象，并非严格规定。中国营养学会理事长葛可佑强调，他们推广的是"均衡"饮食的理念，提倡的是长期坚持的态度。

油　25～30g
塩　6 g

乳類及び乳製品　300g
大豆類及び種実類　30～50g

肉　類　50～ 75g
魚介類　50～100g
卵　類　25～ 50g

野菜類　300～500g
果物類　200～400g

穀類 いも類及び大豆以外の豆類
250～400g

水　1200ml

図2　中国のフードガイド（日本語訳：前澤）

り食べないようにすることなども紹介されている。

中国栄養学会では，「中国居民平衡膳食宝塔」としてフードガイドも紹介し，理想の食事について五重の塔で示している（図２）。

食塩は油とともに塔の一番上に示され，取り過ぎないように注意すること

第8章　栄養教育とコミュニケーション

を表している。食塩の摂取目標量はガイドラインにも解説されているように6gである。さらに，中国の食事摂取基準をみてもナトリウムは2200mgと示され，食塩では6gである。このように，中国国民は食塩摂取の目標量を6gとしている。

(3) 日本での栄養教育

日本の食事ガイドは，1985年に厚生労働省が「健康づくりのための食事指針」を策定し，2000年には，厚生労働省・文部科学省・農林水産省が10項目の「食事指針」として改定した（図3）。中国のガイドラインと同様に，食塩は脂肪とともに控えることを推進している。

フードガイドは，2005年に厚生労働省と農林水産省が「食事バランスガイド」として示した。食塩については，料理に使用する調味料や食卓におけるしょうゆや塩等の使用については表されておらず，一つの料理で食塩が3g以上含まれる料理に印を付けるのみの表現となっている。

2010年版日本人の食事摂取基準では，高血圧並びにがんとナトリウム（食

図3　日本の食事ガイドライン「食生活指針」

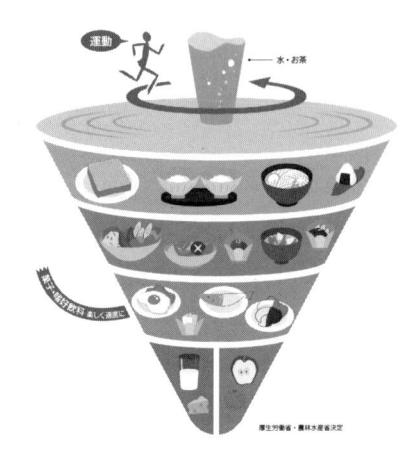

図4 日本のフードガイド「食事バランスガイド」

塩）摂取との関連を検討した疫学研究，最近の日本人におけるナトリウム（食塩）摂取量の推移，欧米を中心とした諸外国における食塩摂取制限目標値などを参考にして目標量を設定している。目標量は成人男性9.0g，女性7.5gであるが，国民の摂取量は依然として10gを超えており，食塩摂取量の多い状態が続いている。

JSHの示した高血圧治療ガイドライン2009には，生活習慣の修正項目として，食塩制限：1日に6g，野菜・果物の積極的摂取，コレステロールや飽和脂肪酸の摂取を控える，魚の積極的摂取，適正体重の維持：BMI（体重kg／身長(m)^2）が25を超えない，運動療法：心血管病のない高血圧患者は有酸素運動を毎日30分以上を目標に定期的に行う，アルコールの制限：エタノールで男性は1日に20〜30ml，女性は10〜20ml以下にする，禁煙を挙げており，生活習慣の複合的な修正は高血圧治療や予防により効果的であるとしている。

この1日6gの食塩摂取レベルは，介入研究によって降圧効果が認められており，欧米諸国では現状の摂取量からみて実現可能な目標量であるが，日本人の現時点での食塩摂取量とは隔たりがある。日本では，食事摂取基準の目標量とJSHの目標量の2種類の目標値が存在している。

中国では，日本と同様にしょうゆやみそなど塩分の高い調味料を使用する食習慣があり，減塩対策として1日6gを達成することは困難であると考えられる。まず，日本の食事摂取基準が示す目標量をクリアすることが必要である。

このように食事での減塩が高血圧の改善や予防に有効であることが証明されている。

第8章　栄養教育とコミュニケーション

4．中国人留学生の食生活実態調査

(1) 調査の方法
①調査対象：本学中国人留学生23名（2年生男性9名，女性6名，1年生男性2名，女性6名）を対象とした。
②調査時期：2010年（平成22年）4月～6月に実施した。
③調査方法：FFQg―エクセル栄養君食物摂取頻度調査のソフトを使用し，栄養素等摂取量，食品群別摂取量，食習慣について調査し集計した。そのなかから，①対象者の出身地，②年齢，③血圧，④身体状況や，JSHが生活習慣の修正項目としてあげたなかで，高血圧対策として第一に取り組みたい，⑤食塩制限を中心に，⑥適正体重の維持，⑦運動療法，⑧アルコールの制限，⑨禁煙に関連のある項目について報告する。

(2) 調査の結果
①出身地
　内モンゴル自治区からが9名，青海省からが8名，江蘇省2名，遼寧省1名，河南省1名，陝西省1名，広東省1名であった。
②年齢
　平均22.4歳であり，18歳から29歳までの男女であった。男性平均は23.3歳，女性21.7歳であった。
③血圧
　JSHの基準により，至適血圧30.4％，正常血圧47.8％，正常高値血圧8.7％，高血圧Ⅰ度13.0％であった。
④身体状況
　男性の平均身長は171.8cm，女性158.0cmであり，男性の平均体重は68.1kg，女性51.4kgであった。
　また，肥満の判定に用いられるBMI値では，男性23.2，女性20.6であり普通の判定であった。肥満とされた男性は3名であった。その3名は全員が高血圧であり，適正体重を維持することは高血圧の改善に繋がるとされてい

ることから，減量する必要がある。

⑤食塩制限に関連のある項目

a) 栄養素等摂取量

　食物摂取頻度調査から算出された栄養素等摂取量と日本人の食事摂取基準を男女別に表2に示した。摂取エネルギーでは，男女とも推定エネルギー必要量に達していなかった。ほとんどの栄養素においても食事摂取基準に達し

表2　男女別栄養素等摂取量

男性(18〜29歳)　身体活動レベルⅡ

		日本人の食事摂取基準 (2010年度版)		留学生食事 摂取量の平均
エネルギー	kcal	推定平均エネルギー必要量	2650	2227
たんぱく質	g	推奨量	60	67.8
脂　質*	g	目標量	58.8〜88.3	73.5
炭水化物**	g	目標量	331.3〜463.8	312.7
カルシウム	mg	推奨量	800	591
鉄	mg	推奨量	7.0	6.9
ビタミンA	μgRE	推奨量	850	463
ビタミンB₁	mg	推奨量	1.4	0.97
ビタミンB₂	mg	推奨量	1.6	1.21
ビタミンC	mg	推奨量	100	63
食　塩	g	目標量	9.0未満	11.0

*20以上30未満　**50以上70未満

女性(18〜29歳)　身体活動レベルⅡ　※月経あり

		日本人の食事摂取基準 (2010年度版)		留学生食事 摂取量の平均
エネルギー	kcal	推定平均エネルギー必要量	1950	1754
たんぱく質	g	推奨量	50	53.9
脂　質*	g	目標量	43.3〜65.0	57.6
炭水化物**	g	目標量	243.7〜341.3	246.7
カルシウム	mg	推奨量	650	529
鉄	mg	推奨量	10.5	6.5
ビタミンA	μgRE	推奨量	650	487
ビタミンB₁	mg	推奨量	1.1	0.82
ビタミンB₂	mg	推奨量	1.2	1.02
ビタミンC	mg	推奨量	100	73
食　塩	g	目標量	7.5未満	9.0

*20以上30未満　**50以上70未満

ていなかった。

　食事摂取基準を超えていたのはたんぱく質と食塩であった。エネルギーのバランスを示すPFC比率をみてみると，P（たんぱく質）比は適正であり問題がなかった。それに対し，F（脂質）比では，上限の30％を超えるものの割合が43.5％と半数近くあり問題が認められた。

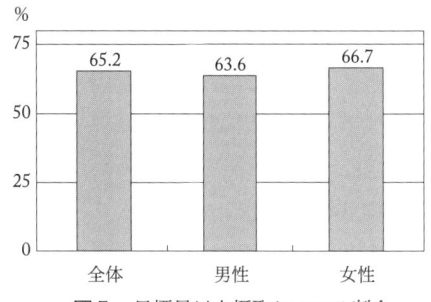

図5　目標量以上摂取している割合

　食塩摂取量は全体平均値が10.0g，男性11.0g，女性9.0gであった。日本の食塩目標量以上摂取している割合を図5に示した。男女とも6割以上あり，全体の3分の2が目標量を超えていた。また，中国栄養学会が推奨している6gを上回ったのは8割以上あったことからも，塩分の過剰摂取が明らかとなり，減塩対策が必要であることがわかった。

b）塩分を控えようと心がけているか（図6）

　いつも心がけている，時々心がけているを合わせると半数以上が塩分を控えようとしていると答えた。また，食物栄養専攻の2年生は全員が塩分を控えようと心がけており，栄養知識を持つことが食意識を高めることに繋がっていることがうかがえた。

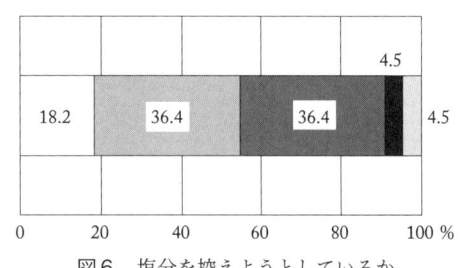

図6　塩分を控えようとしているか

c）めん類の汁を飲むか（図7）

　めん類の汁を全部飲むのは4割，半分飲むが6割であり，全部残す留学生はいなかった。外食のラーメンには6〜10gの塩分が含まれており，汁には5g程度含まれている。ラーメン1食で1日の半分以上の食塩を取ってしまうことになるため，麺類の汁は残す習慣を身につける必要がある。

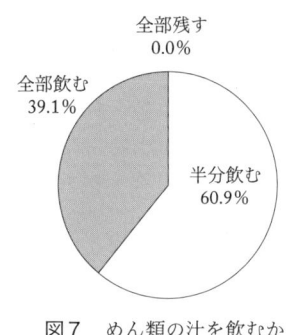

図7　めん類の汁を飲むか

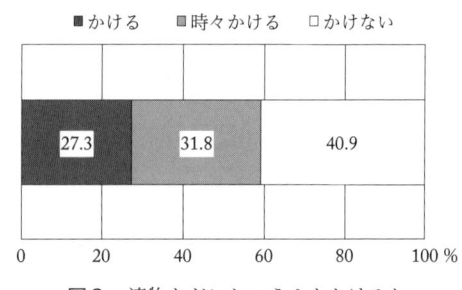

全部残す 0.0%
全部飲む 39.1%
半分飲む 60.9%

図8　漬物などにしょうゆをかけるか

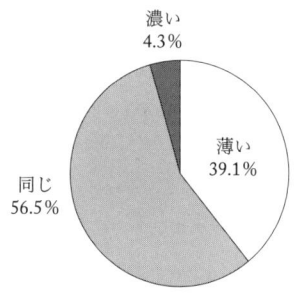

かける 27.3　時々かける 31.8　かけない 40.9

図9　外食や市販弁当の味の感じ方

濃い 4.3%
同じ 56.5%
薄い 39.1%

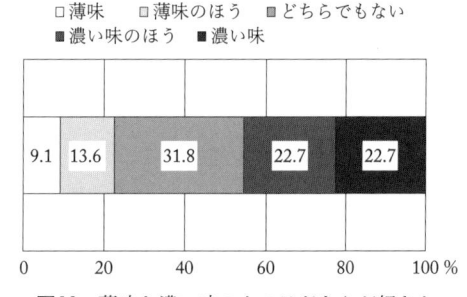

図10　薄味と濃い味のものはどちらが好きか

薄味 9.1　薄味のほう 13.6　どちらでもない 31.8　濃い味のほう 22.7　濃い味 22.7

d）漬物などにしょうゆをかけるか（図8）

　いつもかける27.3％，時々かける31.8％であり，6割が漬物にしょうゆをかけると答えた。漬物そのものが塩分の高い食品であることから，その上にしょうゆをかけることは塩分過剰になる恐れがある。すでに述べたように，中国の食生活指針には，漬物をあまり食べないようにすることが示されている。

e）外食や市販弁当の味の感じ方（図9）

　外食や市販弁当の味を普段の食事と比較してどのように感じるかでは，薄いと感じるのは4割であり，同じと感じるのは半数以上であった。外食や市販弁当を薄いと感じることは普段の食事が外食よりも濃い味付けになっていることが推察できる。日本では外食は塩分が高いと考えられているにもかかわらず，中国人留学生は外食の味が薄いや同じくらいと感じるということ

第8章　栄養教育とコミュニケーション

f）薄味と濃い味のものはどちらが好きか（図10）

　薄味，どちらかというと薄味のほうが好きと2割強が答えた。それに対して濃い味，どちらかというと濃い味のほうが好きと半数弱が答えた。

　薄味が好きと答えた留学生の6割は漬物にしょうゆをかけると答えたことから，薄味のとらえ方が日本人とは違うことがうかがえた。濃い味が好きと回答した留学生は全員が漬物にしょうゆをかけていた。

⑥適正体重の維持に関連する項目（図11）

　適正体重を維持しようとしているかの問いに対して，しているのは56.5％，していない26.1％，どちらでもない17.4％であった。

　適正体重を維持しようとしていないなかには，肥満者が含まれており，肥満と血圧の関連についての正しい知識を持つ必要性を認めた。

　また，肥満はあらゆる疾病を招く要因とされていることからも，適正体重の維持に努めることが重要である。

図11　適正体重を維持しようとしているか

⑦運動療法に関連する項目（図12）

　健康管理のため日常生活のなかで体を動かそうとしているかの問いに対して，しているのは34.8％であり，3分の1であった。3分の2は運動習慣があまりなく，肥満者が1名含まれていた。

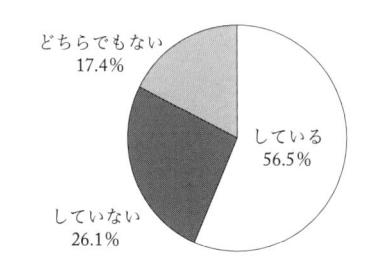

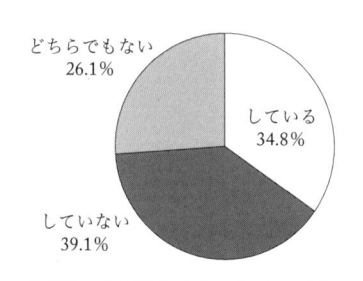

図12　体を動かそうとしているか

⑧アルコールの制限に関連する項目（図13）

　適量以上にお酒を飲むことがあるかの問いに対して6割がないと答えた。時々適量以上にお酒を飲むことがあるは4割であったものの，お酒の摂取頻

度調査結果から，お酒を飲む機会は全員が1週間に1回以下であり，習慣化されていないことが推察され，高血圧への影響はないと考えられる。

⑨禁煙に関連する項目（図14）

たばこを吸っているのは6名であり，1日に吸っている本数は3〜20本と幅があるものの，平均は12.3本であった。禁煙したものは2名であった。

喫煙者6名のうち4名は高血圧であることから考えても禁煙指導をする必要がある。たばこは肥満と同様に高血圧だけでなく，すべての疾病との関連があるとされており，禁煙することが自分の健康を守る手段となる。

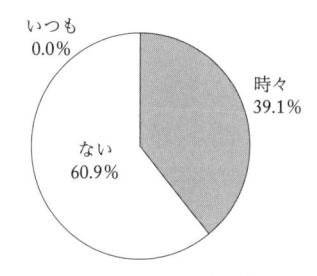

図13 適量以上にお酒を飲むか

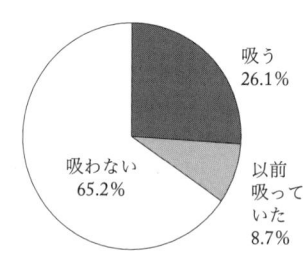

図14 タバコを吸うか

(3) 考察

食塩に関連のある項目の調査結果から，食塩の過剰摂取が示唆された。半数以上の留学生は食塩を控えようと心がけてはいたものの，食塩摂取量は目標量を超えていたことから，控える＝減塩している，ではないことがわかり，各自が食生活の現状を把握することで，本当に自分が減塩できているのか確認することが必要である。

また，塩分を控えようと心がけてはいたものの，漬物にしょうゆをかけたり，めん類の汁を全部飲む食習慣があることがわかり，食品や料理に含まれる食塩量を知ることが減塩に繋がると考えられる。

さらに，日本では比較的塩分が高いとされている外食や市販弁当の味を薄く感じたり，濃い味が好きだと半数が自覚していることから，薄味に慣れるための体験の場を設けることが必要である。なかでも，食物栄養専攻2年生は全員が塩分を控えようと心がけていたにもかかわらず，実践には至ってい

ないことから考えても，減塩の知識や意識はあるものの食行動へは移されていないことがうかがえ，体験を積み重ねることが食行動の変容に繋がると考えられる。

以上のように，自分の食生活の現状を知り，高血圧の基礎知識を習得して，高血圧改善や予防に役立つ減塩方法を理解し，習慣化させていくことが中国人留学生を指導していくうえでの必要なポイントといえる。

生活習慣の調査結果からは，肥満者3名は全員が高血圧であり，減量する必要があるにもかかわらず1名は運動習慣がなかったことから，運動指導を含めた減量対策が必要である。また，喫煙者6名のうち4名が高血圧であることから，他の疾病との関連も考えあわせた禁煙指導が必要であることがわかった。

これらのことを踏まえ，栄養教育を実施した。

5．本学での栄養教育

調査結果から，(1) 食生活の現状を把握する，(2) 基礎知識を習得する，(3) 食行動を習慣化することを目標とし，栄養教育を実施した。

(1) 食生活の現状を把握する

栄養摂取状況成績表の配布：対象者の留学生には，FFQg―エクセル栄養君による食物摂取頻度調査を行い，栄養摂取状況成績表を作成した。肥満の程度，エネルギー・栄養素摂取量，各自の摂取量と適正範囲，食品群別摂取量，食事バランスガイドでのバランスの良否，栄養比率，食生活・健康に関する意識得点などの成績が盛り込まれており，各自が食生活の現状を把握することができる。この成績評価から各自が食塩摂取量を把握し，自分自身の問題点を見つけることが食生活改善の第一歩となる。

(2) 基礎知識を習得する

リーフレットの配布：血圧についての基礎知識やJSHが発表している血

圧の分類，高血圧の原因，高血圧の予防対策，また，血圧をコントロールする方法など，高血圧という疾病を理解するためのリーフレットを作成した。知識を持つことは，高血圧予防行動を起こす動機付けとなる。

(3) 食行動を習慣化する

減塩を日常生活に取り入れる：ラーメンなどのめん類の汁や漬物には塩分が多量に含まれていること，外食にも塩分が多く含まれていることを伝え，めん類の汁は残す，漬物はあまり食べない，できるだけ手作り料理で減塩することなどを紹介した。身近なこと，簡単に実施可能なことから始め，繰り返し実行することで習慣化される。

6．今後の課題

中国での高血圧対策は減塩であることがわかり，今回の調査結果から，中国人留学生の食生活の問題点は食塩の過剰摂取であることが示唆された。

今回の栄養教育内容においては，高血圧の基礎知識を伝えることに留まったが，今後は食塩の摂取目標量である9gや7.5g，6gを調味料や1日の料理例で示すなどの具体案が必要であると考える。また，栄養教育を基礎から実践まで，2年間の高血圧予防プログラムとして段階的に進めることが，中国人留学生を適切な食習慣へと導き，高血圧の改善や予防に大きな役割を果たすと考えられる。

鈴鹿短期大学の中国人留学生は，入学当初の日本語能力レベルは決して高い者ばかりではなく，日本語理解が困難な者のために，中国語媒体の必要性を感じた。すでに，日本のフードガイドの中国語版「食事バランスガイド」を前澤が作成しており，第9章で紹介している。今後はこの中国語媒体を使用して1年生への栄養教育を実施していく予定である。また，今回栄養教育に使用したリーフレットも中国語版を作成したいと考えている。

さらに，今回の調査は日本での食状況であったが，母国での食事や食習慣などを調査することで根本的な課題を見つけ出すことも必要と考える。

第8章　栄養教育とコミュニケーション

おわりに

　中国人留学生から食物摂取頻度調査というコミュニケーション媒体により，減塩を心がけていること，ラーメンの汁は全部飲むこと，漬物にしょうゆをかけることなどをメッセージとして受け取り，高血圧予防教室というコミュニケーションの場において栄養教育を実施した。今後は2年間の高血圧予防プログラムを通して，コミュニケーションの場を提供し，料理や調査というコミュニケーション媒体を通して影響し合い，それが食塩摂取量の減少や高血圧改善などの結果としてメッセージが返ってくることを期待している。

　また，2005年の国務院新聞では，中国衛生部が，中国では栄養士が非常に少なく，栄養士の数は4000人に満たない状況であり，栄養士の配置が国際レベルに達するためには300万人の栄養士配置が必要だと述べている。このように栄養士の資格はこれから大きく伸びていく職種であると考えられることから，食物栄養専攻の留学生においては帰国した際に栄養管理のできる指導者として育ってほしいと願っている。

謝辞：中国語の翻訳にあたり，ご協力いただいた陳泉さんに感謝の意を表します。

文献

健康栄養情報研究会，2007，『国民健康・栄養の現状――平成18年厚生労働省国民健康・栄養調査報告より』第一出版
前澤いすず・梅原頼子他，2008，「中国・内モンゴル自治区モンゴル族の食生活と身体状況の研究」『鈴鹿短期大学紀要』第28巻，pp. 223-232
宮原哲，2009，『新版 入門コミュニケーション論』松柏社
日本高血圧学会高血圧治療ガイドライン作成委員会，2009，『高血圧治療ガイドライン2009』ライフサイエンス出版
沖増哲，2010，『ウェルネス公衆栄養学 第8版』医歯薬出版
鈴木吉彦，1999，『ダイエット，糖尿病治療のための外食コントロールブック』文光堂，pp. 74-78
社団法人日本栄養士会，2006，『「食事バランスガイド」を活用した栄養教育・食事実践マニュアル』第一出版

中国栄養学会編, 2009, 『中国居民膳食指南』西藏人民出版社
中国人民共和国衛生部・中国人民共和国科学技術部・中国人民共和国国家統計局, 2004, 「中国居民栄養・健康状況」(日本語訳, ヘルスビジネスマガジン社)
「全世界で年間760万人が高血圧により早死に——世界的な高血圧の疾病負荷を評価した結果より」(大西淳子, 2008) 日経メディカルオンラインホームページ, http://medical.nikkeibp.co.jp/leaf/mem/pub/hotnews/lancet/200805/506498.html (2010.11.12)
「中国で高血圧が早期死亡の主因に——毎年100万人超が死亡」(2009), メディカルトリビューンホームページ, http://www.medical-tribune.co.jp/mt/100.html (2010.11.12)

第9章

中国人留学生のための栄養教育教材の作成

前澤いすず

　日本栄養士会雑誌において，2010年1月号から「外国語で発信する"日本の文化・地域性を活かした栄養・食教育の教材"」という連載が始まった。日本の栄養・食教育活動での実践を踏まえて開発された，国内外の実践現場で活用している外国語の教材が紹介されている。在日外国人に対して英語版「食事バランスガイド」を使って栄養教育を行った例や，日本の三色食品群の考え方を基に作られたバングラデシュ版「三色食品群」を開発した例など，どれも学習者の立場を重視した教材であり大変興味深い。

　鈴鹿短期大学に在籍している留学生の出身国は，そのほとんどが中国である。留学生は文化や習慣の違うこの日本での生活環境の中でどのような食生活を過ごしているのだろうか。自国での食習慣をそのまま継続することは難しいのではないだろうか。そこで，日本の食環境の中で彼らが，適切な食事・栄養摂取がはかれるような教材を作成したいと考えた。

　第8章において，中国人留学生における食状況の実態把握のために食物摂取頻度調査を行った。そこから浮かび上がった問題点をふまえて，文化や習慣の違う日本において健康的な食生活を過ごすための栄養教育を行うために，コミュニケーションツールとしての教材を作成することを目的に考察を試みた。

1. 栄養教育の概要

(1) 栄養教育の目的と目標

栄養教育の目的は，生命の維持と健康の維持増進のために栄養に関する教育を通して，人々が自己および周囲の人々の生命を守り，個人が主体的に生涯を通じて豊かな人生を送ることができるようにすることである。栄養教育は，健康教育の一環を担うものとして，同じ目的をもつ（図1）。栄養教育の目的を達成するためには，栄養や食物と健康に関するすべての人間の生活を包括し，主体的継続的な実践力を得ることができるように表1のような教育目標があげられる。

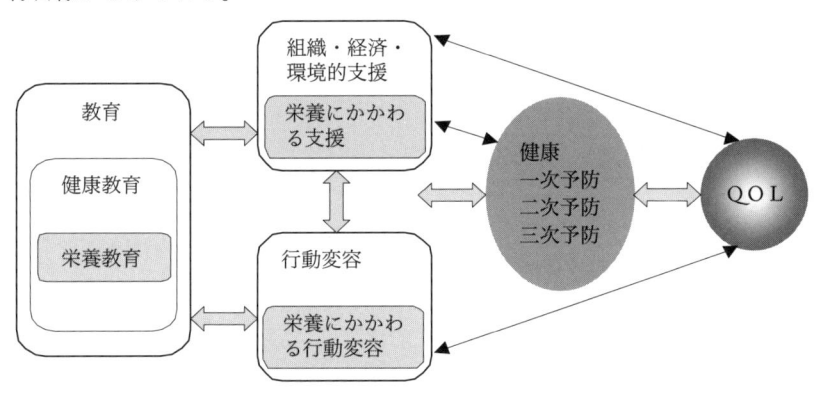

図1　栄養教育の目的と位置づけ

出所：独立行政法人国立健康・栄養研究所監修，2005年，『健康・栄養科学シリーズ　栄養教育論』，南江堂

表1　栄養教育の目標

①健康・栄養知識の理解と定着 ②学習および行動変容の動機づけ ③健康観の形成 ④食知識の理解と定着 ⑤食態度の形成 ⑥食スキルの習得	⑦食行動の変容と維持 ⑧栄養・食生活情報の評価と選択能力の獲得 ⑨自己管理能力の習得 ⑩他者への栄養にかかわる支援能力の獲得 ⑪環境づくり

出所：独立行政法人国立健康・栄養研究所監修，2005年，『健康・栄養科学シリーズ　栄養教育論』，南江堂

(2) 栄養教育の流れ

栄養教育を行うために，対象者（個人または集団）について，生活習慣や栄養状態などの実態を把握し，問題点を整理する必要がある。対象者の実態を把握することは，対象者とコミュニケーションをはかるための第1歩である。実態を把握するために，身体状況，栄養状態，食生活状況などの調査を行う。そこから得られた情報をもとに問題点を見つけ目標を設定し，目標を達成するための計画を立案する。計画に従い栄養教育を実施し，教育の評価を行う（図2）。

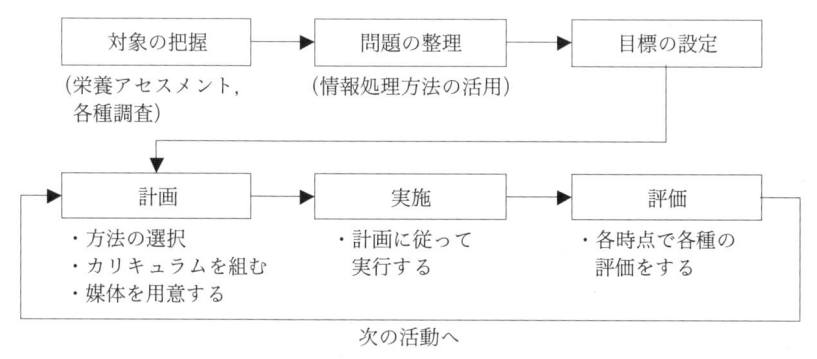

```
対象の把握   →   問題の整理   →   目標の設定
(栄養アセスメント，    (情報処理方法の活用)
 各種調査)
    ↓                                   ↓
→ 計画     →    実施       →    評価
・方法の選択      ・計画に従って      ・各時点で各種の
・カリキュラムを組む   実行する         評価をする
・媒体を用意する
        次の活動へ
```

図2　栄養教育の方法の流れ

出所：熊沢昭子・坂本元子編，2004年，『栄養指導・栄養教育』，第一出版

(3) 栄養教育の教材

教材は，一定の教育目標に従って選ばれた教育内容を取得させることを目的として利用される。教材の利用の意義は，①教育内容の興味や関心を深める，②教育や学習の集中力を高める，③学習者の注意を喚起させる，④教育内容の理解を助ける，⑤学習者に考えるヒントを与える，などの教育効果を得られることがあげられる。

教材は，教育者と学習者が栄養教育の目標や学習プロセスを共有するためのコミュニケーションツールであるといえる。教育者は学習者に教育内容への興味や関心を深めるため，教育内容を正確に伝えるために教材を用いる。学習者は教材を通して自らの問題点に気づき，教育者の伝えたいことを深く

理解することができる。

2．日本と中国の栄養教育教材

　日本では，栄養教育を行うために用いる教材が幾つかある。これらの教材は栄養教育の目的である，生命の維持と健康の維持増進を目指して作成されている。健康な人を対象とした教材や疾患別の教材など様々である。ここでは，健康な人を対象にした教材の例をあげ，中国人留学生のための栄養教育教材として参考になるものを検討する。また，日本と中国の栄養教育教材の共通点と相違点を比較した。

(1) 日本の栄養教育教材の例
①三色食品群

　1952年に広島県庁の岡田正美技師が提唱し，社団法人栄養改善普及会が栄養三色運動として普及させた。栄養素の働きの特徴から食品を赤（血や肉を作る：肉類，魚介類，卵類，豆・豆製品，乳・乳製品），黄（働く力になる：穀類，いも類，油脂類，砂糖類），緑（体の調子をととのえる：野菜類，果物類，海藻類）の3色に分けて，組み合わせてとることを勧めているものである。分類数が少ないので，幼児や低学年の児童，栄養素の知識のない人などに受け入れられやすい。

②4つの食品群（四群点数法）

　1961年に女子栄養大学の創立者・香川綾によってバランスのよい食事法として考案された。栄養的な特徴が似たものを4つのグループ（食品群）に分け，それらを利用し健康的な食生活を送ることのできる食事法の一つである。

　4つのグループは，第1群・第2群・第3群・第4群で構成され，それぞれの食品群からバランスよく食品を選択することで，栄養の心配をせずに食品の組み合わせができ，変化のある食事を楽しむことができる。そして，量的にもバランスよくとるためには，食品のエネルギーを「80kcal＝1点」と

いう単位で表し1日20点（1600kcal）を基本点数としている。
③6つの基礎食品——毎日の食事に必ず6つを組み合わせましょう
　各栄養素の均衡のとれた食事のための正しい知識を普及し，日常の食生活改善・向上をはかることを目的として，1981年に厚生省（現厚生労働省）が通達を出して普及をはかった。栄養成分の類似している食品を第1群（良質なたんぱく質の供給源：魚，肉，卵，大豆），第2群（カルシウムの供給源：牛乳，乳製品，骨ごと食べられる魚），第3群（主としてビタミンAの供給源：緑黄色野菜），第4群（主としてビタミンCの供給源：その他の野菜，果物），第5群（炭水化物の供給源：米，パン，めん，いも），第6群（脂肪の供給源：油脂）の6群に分類し，バランスのとれた栄養を摂取するために，具体的にどんな食品をどのように組み合わせて食べるかを示したものである。
④食事バランスガイド
　2005年6月に厚生労働省と農林水産省により健康日本21や食生活指針を具体的な行動に結びつけるものとして策定された日本版のフードガイドである。1日に「何を」「どれだけ」食べたらよいかの目安をわかりやすくイラストで示されている。「何を」に当たる部分は従来の食品ではなく料理で示され，栄養の知識がない人でも自分が「何を」「どれだけ」食べたか簡単にチェックできるのが特徴である。十分な摂取が望まれる主食，副菜，主菜の順に並べ，牛乳・乳製品と果物については同程度と考え並列に表している。形状は，日本で古くから親しまれている「コマ」をイメージして描き，食事のバランスが悪くなると倒れてしまうということを表している。また，コマが回転することは運動を連想させるということで，回転（運動）することによって初めて安定するということも併せて表している。また，水分をコマの軸とし，食事の中で欠かせない存在であることを強調している。
⑤食生活指針
　2000年に文部省（現文部科学省），厚生省（現厚生労働省），農林水産省が，国民一人ひとりが自ら食生活改善に取り組むための具体的な食生活の目標を示したものである。

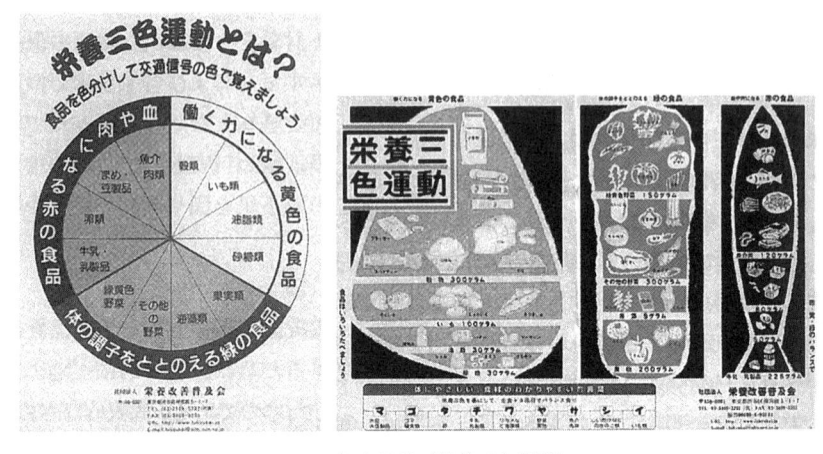

図3　三色食品群（栄養三色運動）

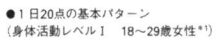

図4　4つの食品群

図5　6つの基礎食品

第9章　中国人留学生のための栄養教育教材の作成

表2　食生活指針（2000年）

●食事を楽しみましょう
●1日の食事のリズムから，健やかな生活リズムを
●主食，主菜，副菜を基本に，食事のバランスを
●ごはんなどの穀類をしっかりと
●野菜・果物，牛乳・乳製品，豆類，魚なども組み合わせて
●食塩や脂肪は控えめに
●適正体重を知り，日々の活動に見合った食事量を
●食文化や地域の産物を活かし，ときには新しい料理も
●料理や保存を上手にして無駄や廃棄を少なく
●自分の食生活を見直してみましょう

文部省(現文部科学省)決定，厚生省(現厚生労働省)決定，農林水産省決定

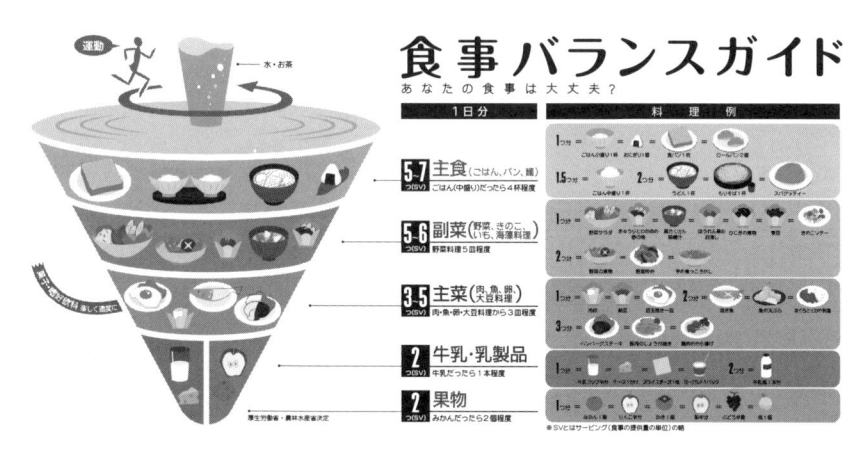

図6　食事バランスガイド

(2) 日本と中国の栄養教材の比較

日本と中国のフードガイドである，「食事バランスガイド」と「中国居民平衡膳食宝塔」（本書 p.148参照）を比較してみる。

①共通点
・どのような配分で摂取すればよいかわかりやすくイラストで示されている
・1日量で示されている

167

・水分補給の大切さと運動の大切さをわかりやすくイラストで示している
②相違点
・食事バランスガイドは料理単位で示されているのに対し，中国居民平衡膳食宝塔では食品類別に示されている
・中国居民平衡膳食宝塔では食塩と油脂類の摂取量がイラストに示されているのに対し，食事バランスガイドではイラストには示されていない

　日本と中国のフードガイドの大きな違いは，どのような配分でどれだけの量を摂取すればよいのかを示す単位が料理なのか食品なのかである。食品単位の場合，フードガイドに示された量と比較するためには，自分が食べた量を食品単位で把握しなければならない。料理をする経験の乏しい人にとって自分が食べた料理にどの食品がどれだけの量使われているか，推測するのは難しいのではないだろうか。それに対して，料理単位の場合には，自分が食べた料理そのものでフードガイドに示された量と比較することができるため，料理をする経験の乏しい人にも受け入れられやすいと考えられる。

　料理単位で示された日本のフードガイドである「食事バランスガイド」を応用して，中国人留学生が日本の食環境の中で適切な食事・栄養摂取をはかれるような教材を作成したいと考えた。

3．中国人留学生のための栄養教育教材の作成

（1）　中国人留学生の実態把握と問題点の整理

　中国人留学生の年齢層は18歳から29歳（平均年齢22.4歳），男性と女性の比率はほぼ1：1である。

　第8章で報告しているように，身体状況としてBMI値が25以上で肥満傾向にある人は3名，さらにこの3名全員が高血圧傾向にある。BMI値が18.5以下のやせ傾向にある人はおらず，残りの20名は普通体重である。栄養状態は，食物摂取頻度調査を行った結果，食塩の過剰摂取が示唆された。また，脂肪エネルギー比率が30％を超えている人が23名中10名おり，栄養摂取状況が脂質に偏っている人が多いことがわかった。

肥満傾向と高血圧傾向にある人が3名いるが，それ以外の人は普通体重を維持している。肥満傾向と高血圧傾向にある人には，特別な栄養教育が必要と考えられる。第8章で今後の課題として述べているとおり，栄養教育を基礎から実践まで，2年間の高血圧予防プログラムとして段階的に進めていくことが重要である。肥満傾向を示さなかった人のなかでも，食塩の過剰摂取，栄養摂取が脂質に偏っている人がみられた。肥満予防，生活習慣病の一次予防の観点から，適切な栄養摂取ができるような栄養教育が必要と考えられる。

(2) 栄養教育の目標設定

前文での問題点を踏まえ，栄養教育の基礎教育が必要であると考え，表1で示した栄養教育の目標の①にあげられている，健康・栄養知識への理解と定着を目指して，「栄養バランスのとれた食事への理解」を具体的な目標として設定した。

(3) 栄養教育教材の作成

「栄養バランスのとれた食事への理解」という目標の達成に向けて，栄養教育内容は「食事バランスガイド」を使って1日に必要な食事量の目安を紹介することとし，栄養教育教材を作成することにした。

英語版「食事バランスガイド」を活用して在日外国人を対象に行った食育の事例報告では，対象者の人種や食文化に配慮することも重要だが，食材の入手可能性などを考えると日本人に対して行っている内容を彼らが理解しやすい内容に展開して伝えることも有用であると考える。その際には対象者の語学力などにも配慮し，必要に応じて英語，もしくはその他の言語に翻訳された教材を活用しなければならないとしている（林・武見2010）。

「食事バランスガイド」は前文でも紹介したとおり日本版のフードガイドである。1日に「何を」「どれだけ」食べたらよいかの食事の目安をコマの形で表している。誰もが親しみやすいものになることを目指して作成されたものであり，栄養バランスのとれた食事について関心を持ってもらうきっか

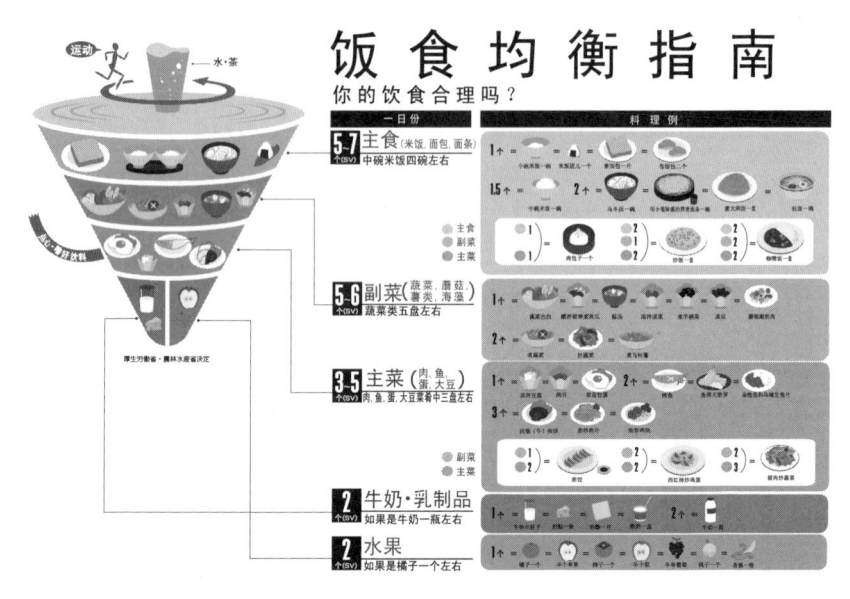

図7　中国語に翻訳した「食事バランスガイド」

けになるものとして期待できる。

　著者らは，日本人学生を対象に学生がよく食べる料理を追加した「鈴短版 食事バランスガイド」を作成し，厚生労働省・農林水産省作成の基本の「食事バランスガイド」よりも使いやすいと報告している（梅原ら2007）。

　そこで，教育内容への興味や関心を深めるため，教育内容の理解を助けるために「食事バランスガイド」を中国語に翻訳したリーフレットを作成することにした。中国語に翻訳したリーフレットを作成するにあたり，基本の「食事バランスガイド」に留学生たちがよく食べる料理8例（ラーメン，チャーハン，カレーライス，肉まん，餃子，豚肉と野菜の炒め物，卵とトマトの炒め物，バナナ）を追加した。この料理例は，本学生活学科食物栄養専攻に入学した留学生の3日間の食物摂取量の記録（2006～2009年入学者15名分）から摂取頻度の高い料理を調べた結果である。

(4) 栄養教育教材の活用

今回作成した教材は，日本語の語学力が低い入学したばかりの留学生を対象に利用したいと考える。ご飯を中心とした日本の食事スタイルについて説明し，中国語訳「食事バランスガイド」を利用して栄養バランスのとれた食事を理解するためのきっかけとして，健康的な食生活を過ごすための支援にむけて栄養教育を行いたい。

ま と め

栄養とは，生体が必要とする物質を体外からとり入れて利用し生命活動を営むことをいい，そのとり入れるべき必要な物質を栄養素という。すなわち，栄養素の摂取→代謝→排泄という流れの中でエネルギーの産生や体成分の補充が行われ，生命が維持され，健康の保持増進がなされているのである。

私たち人間は食べることに適する動物と植物を，食物として経験的に選択し，これらを摂食，消化吸収を経てエネルギーと栄養素を獲得してきた。しかし，それぞれの食物に含まれる栄養素の成分は異なり，また含有量も異なっている。食物は人間にとって必要な栄養素を供給してくれるが，それぞれ単品では人間にとって適正な栄養素の必要量を確保することができない。

人間にとって，健康の保持増進，疾病予防のための適正な食事とは，健康によいといわれる特定の食物を偏って摂取するのではなく，様々な食物を組み合わせてバランスよく選択することである。適正な食物選択ができる能力をすべての人々に身につけてもらうことは，私たち管理栄養士，栄養士が行う重要な役割の一つである。

中国人留学生のための栄養教育教材として，「食事バランスガイド」を中国語に翻訳したリーフレットを作成した。今後は，このリーフレットを活用して中国人留学生に対して栄養教育を行い，栄養教育目標である「栄養バランスのとれた食事への理解」を目指していきたい。

本学の留学生の大部分は，学費や生活費を稼ぐためアルバイトをしながら

勉学に励むという忙しい毎日を送っている。そんな彼ら彼女らに対して、食は健康につながっているということを微力ながら伝えていけたらと思う。

謝辞：今回「食事バランスガイド」を中国語に翻訳するにあたり、鈴鹿短期大学李智基先生にご指導いただきました。また、中国の食事ガイドラインである「中国居民膳食指南」を日本語訳にするにあたり、鈴鹿短期大学での日本語研修のため来日していた青海師範大学索南先生にご指導いただきました。この場をおかりして、深く感謝申し上げます。

参照文献

林芙美・武見ゆかり、2010、「在留外国人に対する、英語版「食事バランスガイド」"Japanese Food Guide Spinning Top"の活用を通して再確認する栄養教育の基本」『日本栄養士会雑誌』53巻2号

熊沢昭子・坂本元子編、2004、『栄養指導・栄養教育』第一出版

独立行政法人国立健康・栄養研究所監修、丸山千鶴子・足達淑子・武見ゆかり編、2005、『健康・栄養科学シリーズ 栄養教育論』南江堂

社団法人日本栄養士会監修、武見ゆかり・吉池信男編、2006、『「食事バランスガイド」を活用した栄養教育・食育実践マニュアル』第一出版

香川芳子監修、2009、『五訂増補食品成分表2010 資料編』女子栄養大学出版部

中国栄養学会編、2009、『中国居民膳食指南』西藏人民出版社

梅原頼子・藤原いすず他、2007、「食事バランスガイド使用の試み──本学作成の食事バランスガイドと学生の食事バランス状況」『鈴鹿短期大学紀要』27巻

おわりに

　本書『生活コミュニケーション学とは何か』は，本学が発行する3冊目の論文集（単行本）である。2007年3月，本学創立40周年記念誌として論文集『鈴鹿短大からの発信』を出版，2年後の2009年3月，社会人として身につけるべき教養教育をコンセプトとし『教養教育の新たな学び──現代を生きるストラテジー』を出版した。そして2011年4月に学科名を「生活コミュニケーション学科」と変更し，新たな教育目標を掲げ再出発する本学の意気込みを示す論文集として，本書を刊行することとなった。

　既刊の2冊の論文集は，本学学生全員に配布し，基礎教養教育指導及び卒業論文指導において教科書として使用してきた。本書も同様に学生全員に教科書として配布が予定されている。生活コミュニケーション学とは何を学ぶ学問なのかを学生一人ひとりに考えてもらいたいという想いが詰まった1冊となっている。

　本書の企画立案は2010年4月に始まった。4月中旬に執筆者の募集を行ない，その後執筆者決定，執筆要領の配布を経て，9月末日を原稿締め切りとして進められた。査読，原稿修正を経て，出版社への送付を行なったのが11月中旬である。当初の予定では2月の発行予定であったが，諸般の理由により3月発行となってしまったことと，投稿を断念された方がみえたことが，大変残念である。

　さて，筆者はコミュニケーションというと真っ先に「外国人との会話」を連想してしまう。日本語以外の外国語に精通していない古いタイプの人間であるが所以であろうか。多くの留学生や日本語研修生が訪れる本学であるが，彼らが日本語をある程度習得して初めて意思疎通を速やかに行なうことができるようになる。つまり，コミュニケーションの立場から見るとことばの壁は最も深刻な問題であると考える。一方，一言もことばを発しなくても

心が通じ合うという現実と，ことばを交わしていても意思が通じ合わない現実に直目することもある。コミュニケーションを円滑に行なうことの困難さを体験する日々が続いている。とにもかくにも，コミュニケーションなしでは，人間が人間として生きていくことができないことは事実であり，永遠の課題である。すなわち，コミュニケーションは，個人の発達にとっても，集団や組織の形成と存続にとっても，必要不可欠である。

　本書に掲載されている9つの論文は，生活コミュニケーション学を様々な立場から議論したものとなっている。

　読み進めることにより，コミュニケーションの入り口の広さと奥深さを実感していただけたのではないかと推察する。生活コミュニケーション学とは何かを考える一助にしていただければ，幸いである。

　生活コミュニケーション学科として再出発する鈴鹿短期大学に今後とも変わらぬご支援をいただきたく，お願い申し上げる次第である。

　最後に，本書発行に当たりご尽力いただいた株式会社あるむの鈴木忠弘氏，吉田玲子氏に感謝を申し上げる。鈴木氏には企画全般において，吉田氏には編集において，多大な手助けをしていただいたこと，心よりお礼を申し上げる。

　　　　2011年2月

　　　　　　　　　　　　　　　　　　　　　　　　編者を代表して
　　　　　　　　　　　　　　　　　　　　　　　　久保さつき

編者紹介

川又俊則（4章）鈴鹿短期大学教授，社会学・社会調査
『ライフヒストリーの宗教社会学——紡がれる信仰と人生』（共編著：ハーベスト社，2006）
『よくわかる宗教社会学』（共著：ミネルヴァ書房，2007）
『教養教育の新たな学び——現代を生きるストラテジー』（共編著：大学教育出版，2009）

久保さつき（7章）鈴鹿短期大学教授，食品科学・生化学
『教養教育の新たな学び——現代を生きるストラテジー』（共編著：大学教育出版，2009）
『鈴鹿短大からの発信』（共著：大学教育出版，2007）
『食品学実験書　第2版』（共著：医歯薬出版，2002）

著者紹介

岩田昌子（1章）鈴鹿短期大学特任助教，臨床心理学・教育心理学
『保育ソーシャルカウンセリング』（共著：建帛社，2004）
『恋愛と結婚の燃えつきの心理』（共翻訳：北大路書房，2004）
『教養教育の新たな学び——現代を生きるストラテジー』（共著：大学教育出版，2009）

永石喜代子（2章）鈴鹿短期大学准教授，養護教育
『教養教育の新たな学び——現代を生きるストラテジー』（共著：大学教育出版，2009）
「養護教諭に対する保護者のクレームの考察——養護教諭の看護能力に関する調査研究より」（『日本養護教諭教育学会誌』13巻1号，2010）
「養護教諭養成教育における「臨床実習」のあり方——東海養護教諭研究会での検討内容の分析から」（『日本養護教諭教育学会誌』9巻1号，2007）

寺田喜朗（3章）鈴鹿短期大学特任助教（2011年4月より大正大学准教授，鈴鹿短期大学生活コミュニケーション学研究所客員研究員），社会学・宗教学
『旧植民地における日系新宗教の受容——台湾生長の家のモノグラフ』（単著：ハーベスト社，2009）
『教養教育の新たな学び——現代を生きるストラテジー』（共編著：大学教育出版，2009）
『ライフストーリー・ガイドブック』（共著：嵯峨野書院，2010）

中川サワリー（5章）鈴鹿短期大学非常勤講師・鈴鹿短期大学生活コミュニケーション学研究所客員研究員，言語学・日本語教育学
"Propositional and Contextual Sentences: A Methodology for Teaching Grammar" (Nucb Journal of Language, Culture and Communication, 3-1, 2001)
"The Logical Constructions of Conditional Sentences and the Functions of Conditional Expressions: A Contrastive Study of Japanese and Thai" (SEALS XV Papers from the 15th annual meeting of the Southeast Asian Linguistics Society. 2005, edited by Paul Sidwell, Pacific Linguistics Research, School of Pacific and Asian Studies, The Australian National University)
『日本の社会に入るための敬語』（タイ語版，タイ王国TPA Press出版，2009＝草薙裕著『敬語ネイティブになろう！』くろしお出版，2006のタイ語翻訳）

櫻井秀樹（6章）鈴鹿短期大学助教，獣医学
「学校犬の衛生状態」『生活コミュニケーション学』（創刊号，2010）
『教養教育の新たな学び――現代を生きるストラテジー』（共著：大学教育出版，2009）
「学校犬の健康管理」（『鈴鹿短期大学紀要』29巻，2009）

福永峰子（7章）鈴鹿短期大学准教授，栄養教育
『教養教育の新たな学び――現代を生きるストラテジー』（共著：大学教育出版，2009）
『鈴鹿短大からの発信』（共著：大学教育出版，2007）
「学生の食生活における飲料摂取状況」（『鈴鹿短期大学紀要』28巻，2008）

アーナンダ・クマーラ（7章）鈴鹿国際大学教授，国際開発論・国際技術移転論
『国際協力における自立のための技術教育と起業家育成の可能性――スリランカとニカラグアの比較を中心に』（共著：現代図書，2009）
The Shape of the East Asian Economy to Come: Lonely Rhetoric or Global Realty (Cambridge Scholars Publishing, 2007)
Issues on the Sustainability of Industrial and Economic Development Policies in the Developing Countries (あるむ, 2002)

梅原頼子（8章）鈴鹿短期大学准教授，栄養教育
「運動を取り入れた食育ゲームについて――作成から評価まで」（『鈴鹿短期大学紀要』30巻，2010）
「食物栄養専攻学生の就職状況――今後の対策」（『鈴鹿短期大学紀要』29巻，2009）
「ジュニアテニス選手の食生活状況」（『鈴鹿短期大学紀要』28巻，2008）

前澤いすず（8章・9章）鈴鹿短期大学助手，栄養教育
「中国・内モンゴル自治区モンゴル族の食生活と身体状況の研究」（『鈴鹿短期大学紀要』28巻，2008）

三浦　彩（8章）鈴鹿短期大学助手，栄養教育
「本学作成の食事バランスガイド使用の試み――学生の食事バランスの評価と1年生と2年生の知識の比較」（『鈴鹿短期大学紀要』28巻，2008）

生活コミュニケーション学とは何か

2011年3月18日　第1刷発行
編者＝川又俊則・久保さつき
発行＝株式会社あるむ
　〒460-0012 名古屋市中区千代田3-1-12　第三記念橋ビル
　Tel. 052-332-0861　Fax. 052-332-0862
　http://www.arm-p.co.jp　E-mail: arm@a.email.ne.jp
印刷＝松西印刷　　製本＝中部製本

ISBN978-4-86333-035-1　C1037